AF311861

CATALOGUE

DES

LIVRES FRANÇAIS

DE LA

BIBLIOTHÈQUE DE M. A. D.

———

La vente aura lieu le lundi 27 avril 1874 et les sept jours suivants

Rue des Bons-Enfants, 28 (maison Silvestre)
SALLE N° 1

Par le ministère de Me DELBERGUE-CORMONT, commissaire-priseur
Rue de Provence, 8

PARIS

ADOLPHE LABITTE

LIBRAIRE DE LA BIBLIOTHÈQUE NATIONALE

4, RUE DE LILLE, 4

———

1874

ORDRE DES VACATIONS

1ʳᵉ VACATION. — *Lundi 27 avril 1874.*
1 à 200.

2ᵉ VACATION. — *Mardi 28 avril.*
201 à 400.

3ᵉ VACATION. — *Mercredi 29 avril.*
401 à 600.

4ᵉ VACATION. — *Jeudi 30 avril.*
601 à 800.

5ᵉ VACATION. — *Vendredi 1ᵉʳ mai.*
801 à 1000.

6ᵉ VACATION. — *Samedi 2 mai.*
1001 à 1200.

7ᵉ VACATION. — *Lundi 4 mai.*
1201 à 1400.

8ᵉ VACATION. — *Mardi 5 mai.*
1401 à 1605.

CONDITIONS DE LA VENTE

La vente se fait au comptant.

Les réclamations devront être faites, au plus tard, dans les vingt-quatre heures qui suivront la dernière vacation. Passé ce délai, les articles adjugés ne seront repris pour aucune cause.

Les acquéreurs payeront 5 0/0 en sus des enchères, applicables aux frais.

Il y aura, chaque jour de vente, de deux heures à quatre, exposition des livres qui seront vendus le soir.

Paris. — Typographie Georges Chamerot, rue des Saints-Pères, 19.

CATALOGUE

DES

LIVRES FRANÇAIS

DE

LA BIBLIOTHÈQUE DE M. A. D.

THÉOLOGIE.

1. La Sainte Bible en latin et en françois (traduction de Lemaistre de Sacy). *Paris, Lefèvre,* 1828, 13 vol. in-8, pap. vél. fig. de Devéria, demi-rel. v. v. n. rog.

2. La Sainte Bible, traduite par Lemaistre de Sacy. *Paris, Furne,* 1845, 4 vol. gr. in-8, fig. br.

3. La Sainte Bible (traduite par Legros) *Paris, Th. Desoer,* 1819, 7 vol. in-8, br.

4. La Sainte Bible qui contient l'Ancien et le Nouveau Testament, nouvelle édition. *Amsterdam, D. Ouder de Luiden, s. d.,* in-12, v.

5. Bible, en russe. 3 vol. in-12, mar. r. tr. dor. (*Dans un étui.*)

6. Quintuplex Psalterium gallicum, rhomanum (*sic*), hebraicum, vetus, conciliatum.... (cum commentariis a Jacobo Fabro Stapulensi). *In clarissimo Parisiorum gymnasio ex calcotypa Henrici Stephani officina...,* anno 1513, in-fol., initiales en rouge, rel. en bois, recouv. de v. br. (*Raccommodage au dernier feuillet.*)

7. Les Conseils de la Sagesse, ou le recueil des Maximes de Salomon, les plus nécessaires à l'homme pour se conduire sagement. *Paris, Sébast. Mabre-Cramoisy,* 1697, pet. in-8, front. gravé vél.

8. Les Évangiles, traduction nouvelle, par F. Lamennais. *Paris, Pagnerre,* 1846, in-8, fig. br.

A.

9. Le Nouveau Testament, c'est-à-dire la Nouvelle Alliance de N.-S. Jésus-Christ. *Genève, P. Chouet,* 1657, pet. in-8, vélin.

10. L'Apocalypse, avec une explication, par messire J.-B. Bossuet. *Paris, veuve de Sébast. Mabre-Cramoisy,* 1689, in-8, v. gr.

11. L'Histoire du Vieux et du Nouveau Testament, représentée avec des figures et des explications édifiantes, tirées des saints Pères, pour régler les mœurs dans toute sorte de conditions, par feu M. Lemaistre de Sacy. *Paris, Pierre de Bats,* 1724, in-4, demi-rel. mar. n.

12. L'Histoire du Vieux et du Nouveau Testament, représentée avec des figures et des explications édifiantes tirées des saints Pères, par feu M. Lemaistre de Sacy. *Paris, P. Lesclapart,* 1735, in-4, fig. v. gr.

13. Collection d'anciens Évangiles, ou Monumens du premier siècle du christianisme, extraits de Fabricius Grabius et autres savans, par l'abbé B*** (Voltaire). *Londres,* 1769, in-8, br.

14. Series chronologica patriarcharum, ducum, judicum, regum, pontificum, postremorumque regum populi Hebraici. *Romæ,* 1724, in-fol. portr. vél. tr. dor.

15. La Vie de Jésus-Christ, par de Saint-Réal. *Paris, René Guignard,* 1678, in-4, v. gr.

16. Vie de J.-C. en figures. *S. l. n. d.*, pet. in-8, v.
Gravé par Tardieu, incomplet de plusieurs planches.

17. La Vie de N.-S. Jésus-Christ écrite par les quatre évangélistes.... rédigée et présentée aux gens du monde comme aux âmes pieuses, par M. l'abbé Brispot, et illustrée par une série de 130 gravures. *Paris, Pilon,* 1853 ; 2 vol. in-fol., 130 fig. gr. par Rouargue, sur pap. de Chine, rel. en chagr. r. dent. et fil. tr. dor.

18. Histoire de N.-S. Jésus-Christ, par Mgr Dupanloup. *Paris, H. Plon,* 1870, gr. in-8, fig. demi-rel. dos et coins de mar. v. tête dor. n. rog.

19. Commentaire géographique sur l'Exode et les Nombres, par Léon de Laborde. *Paris, J. Renouard,* 1841, in-4, demi-rel. mar. v. n. rog.

20. Éloïm, ou les dieux de Moïse, par P. Lacour. *Bordeaux, J. Teycheney,* 1839, 2 tom. en 1 vol. in-8, fig. dem.-rel. vél. v.

21. Dissertations sur l'arche de Noé et sur l'hémine et la livre de St-Benoist, par Jean Le Pelletier, de Rouen. *Rouen, J.-B. Besongne,* 1700, in-12, fig. v. gr.

22. Instructions sur la version du Nouveau Testament imprimée à Trévoux en l'année 1702, par messire Jacques-Bénigne Bossuet. *Paris, Anisson,* 1702, in-12, mar. r. fil. à fr. tr. dor. (*Thompson.*)

Première édition.

23. Éclaircissemens pour l'intelligence du sens littéral des épistres de St-Paul et autres livres du Nouveau Testament, par M. Himbert, *Paris, Léon de Laulne,* 1690, in-12, mar. r. fil. dos orné, tr. dor. (*Rel. anc.*)

24. La Messe dans ses rapports avec les mystères et les cérémonies de l'antiquité, par J.-M. Ragon. *Paris, Garnier,* s. d., in-8, demi-rel. dos et coins de mar. bl. tête dor. n. rog.

25. La Messe et ses mystères comparés aux mystères anciens, ou complément de la science initiatique, par Jean-Marie de V..... *Paris, Berlandier,* 1844, in-8, br.

26. Explication de quelques difficultez sur les prières de la messe, par messire J.-B. Bossuet. *Paris, veuve Sébast. Mabre-Cramoisy,* 1689, pet. in-12, v. gr.

Édition originale.

27. Processionnal parisien disposé pour les processions et les messes de St-Marc, des trois jours des Rogations, de l'Ascension, du jour et de l'Octave du St-Sacrement, et de la fête de tous les saints. *Paris, Libraires associés,* 1740, in-8, mar. r. fil. tr. dor. (*Rel. anc.*)

28. Ces Présentes Heures, à l'usage de LYON, sont imprimées *pour Guillaume Eustace, l'an mil cinq centz et vingt.* Pet. in-8 gothique, fig. sur bois, v. ant. compart. dorés. (*Rel. du temps.*)

Sur papier. Exemplaire incomplet de quelques feuillets.

29. Livre d'heures ou offices de l'église, illustrés d'après les manuscrits de la bibliothèque du roi, par Mlle A. Guilbert. *Paris,* 1818, in-8, fig. br.

30. L'Homme chrestien, ou la réparation de la nature par la grâce, par le R. P. J.-Fr. Senault. *Amsterdam, P. Le Grand,* 1665, pet. in-12, vél.

31. Discours ecclésiastiques contre le paganisme des roys de la fève et du roi-boit, par M. Jean Deslyons. *Paris, Guil. Desprez,* 1664, pet. in-12, v. gr.

32. Traité contre le luxe des hommes et des femmes et contre le luxe avec lequel on élève les enfans de l'un et de l'autre sexe (par Dupradel). *Paris, M. Brunet,* 1705, in-12, v. gr.

33. Discours sur la nudité des mamelles des femmes, par un révérend Père capucin, publié par Ch. D..... *Gand, Duquesne*, 1856, pet. in-8, br.

34. Texte primitif des Lettres provinciales de Blaise Pascal. *Paris, L. Hachette,* 1867, gr. in-8, pap. teinté, br.

35. Sermones de adventu fratris Oliveri Maillard. (*Ad finem :*) *Impressi Parisiis, per Anth. Cayllaut,* anno Di MCCCC nonagesimo (1490), pet. in-4 goth. à 2 col. v. br.

36. Mandemens et lettres pastorales de M. Fléchier, évêque de Nismes, avec son oraison funèbre. *Paris, Jacques Estienne,* 1712, 2 vol. in-12. — Lettres de Fléchier sur divers sujets. *Paris, Étienne Ganeau et Jacques Estienne,* 1711, 1 vol. Ensemble 3 vol. in-12, mar. r. fil. dos orné, tr. dor.
Armoiries.

37. Petit Carême de M. Massillon, évêque de Clermont. *Paris, imp. de Didot l'aîné,* 1789, in-4, pap. vél. demi-rel. dos et coins de mar. r. tr. dor.

38. Petit Carême et sermons de J.-B. Massillon. *Paris, Gavard, s. d.,* gr. in-4, dem.-rel. mar. br.

39. L'Imitation de Jésus-Christ, traduite et paraphrasée en vers français, par P. Corneille. *Paris, J. Gay,* 1862, in-18, br.

40. Explication des maximes des Saints sur la vie intérieure, par messire Fr. de Salignac Fénelon. *Paris, P. Aubouin,* 1697, in-12, v. gr.
Édition originale.

41. Divers Écrits ou mémoires sur le livre intitulé : Explication des maximes des Saints, etc., par messire J.-B. Bossuet. *Paris, J. Anisson,* 1698, in-8, v. marbr.

42. Pensées de M. Pascal sur la religion et sur quelques autres sujets, qui ont esté trouvées après sa mort parmy ses papiers, nouvelle édition. *Paris, Guil. Desprez,* 1678, in-12, v. gr.

43. Pensées, fragments et lettres de Blaise Pascal, publiés par M. Prosper Faugère. *Paris, Andrieux,* 1844, 2 vol. in-8, demi-rel. v. f.

44. Conférence avec M. Claude, ministre de Charenton, sur la matière de l'Eglise, par messire J.-B. Bossuet. *Paris, Sébast. Mabre-Cramoisy,* 1682, in-12, v. gr.
Édition originale.

45. La Vérité de la Religion catholique, apostolique et romaine, et la fausseté de la religion prétendue réformée

des Calvinistes, par dom Alphonse Belin. *Nevers, chez Ant. Chaillot*, 1683, pet. in-8, portrait de J.-N. Colbert, archevêque de Carthage, mar. r. fil. tr. dor. (*Rel. anc.*)

46. Questions diverses sur l'incrédulité. *Paris, Chaubert et Cl. Hérissant*, 1757, pet. in-12, mar. v. fil. dos orné, tr. dor.

(*Les armes de Mesdames, filles de Louis XV, qui se trouvaient sur les plats de la reliure, ont été en partie grattées.*)

47. Les Très-merveilleuses Victoires des femmes du Nouveau-Monde, suivi de la doctrine du siècle, par Guil. Postel. *Turin, J. Gay*, 1869, pet. in-4, br.

48. Quatuor librorum de orbis terræ concordia primis, Guilielmo Postello Barentonio Math. prof. regio authore. Librorum argumenta sequens pagina indicabit, excudebat ipsi authori Petrus Gromorsus sub Phœnicis signo, juxta scholas remenses. Circa 1543, pet. in-8, mar. r. fil. tr. dor. (*Rel. anc.*)

Le titre est remonté.

49. L'Aurore naissante, ou la Racine de la philosophie, de l'astrologie et de la théologie, par J. Bêhme. *Paris*, 1800, 2 tom. en 1 vol. pet. in-8, dem.-rel. mar. r.

50. De la Triple Vie de l'homme, selon le mystère des trois principes de la manifestation divine, par Jacob Bêhme. *Paris, Minyeret*, 1809, pet. in-8, dem.-rel. dos et coins de mar. r.

51. Traité des trois Imposteurs. *S. l. n. d.*, in-4, d.-rel. mar.

Manuscrit du xviiie siècle.

52. Examen des prophéties qui servent de fondement à la Religion chrétienne (traduit de l'anglois de Collins, par le baron d'Holbach). *Londres*, 1768, pet. in-8, v. marbr. fil.

53. Errotika Biblion (par Mirabeau). *Paris, Le Jay*, 1792, in-8, br.

54. Qu'est-ce que la Religion d'après la nouvelle philosophie allemande? par Hermann Evverbeck. *Paris, Ladrange*, 1850, in-8, br.

JURISPRUDENCE.

55. De l'Esprit des loix (par Montesquieu). *Genève, Barrillot et fils*, s. d., 2 vol. in-4, v. f. tr. dor.
   Édition originale.

56. L'Esprit de la législation, par M. le baron de Creutz, traduit de l'allemand par J.-F. Jungert. *Londres, et Paris, chez Vente*, 1769, in-12, mar. r. fil. dos et coins ornés, tr. dor. (*Rel. anc.*)

57. L'Esprit de la législation (même ouvrage, même édition); in-12, mar. r. fil. dos et coins ornés, tr. dor. (*Rel. anc.*)

58. Cours de droit naturel professé à la faculté des lettres de Paris, par Th. Jouffroy. *Paris, Hachette*, 1858, 2 vol. in-12, dem.-rel. dos et coins de mar. b. tête dor. n. rog.

59. Origines du droit français cherchées dans les symboles et formules du droit universel, par M. Michelet. *Paris, L. Hachette*, 1837, in-8, dem.-rel. mar. n.

60. Traicté du délict commun et cas privilégié ou de la puissance légitime des Juges séculiers sur les personnes ecclésiastiques, par Bénigne Milletot. *Dijon, Cl. Guyot*, 1615, pet. in-8, vél.

61. Mémorial alphabétique des droits ci-devant seigneuriaux supprimés et rachetables, par M. Ravaut. *Paris, Nyon*, 1790, pet. in-12, br.

62. Procès d'Estienne Dolet, imprimeur et libraire à Lyon, 1543-1546. *Paris, Techener*, 1836, in-12, br.

63. Requête au roi. Mémoire et pièces justificatives, pour Mme A.-M. Rogues Lusignan de Champinelles, veuve du Mis de Douhault. *Paris, Le Normant*, 1807-1817, 2 vol. in-8, portr. v. rac. dent. tr. dor. (*Aux armes.*)

64. L'Impunité de Mingrat, ou la police de Charles X. Mémoire relatif aux persécutions de la famille Gerin. *Paris*, 1830, in-8, portr. v. rac.

65. Histoire de la vie et du procès du fameux L.-D. Cartouche et de plusieurs de ses complices. *Rouen, P. Machuel*, 1722, in-12, br.

66. Des Conspirations et de la justice politique, par F. Guizot. *Paris, Ladvocat*, 1821. — De la Peine de mort en matière politique, par le même. *Paris, Béchet*, 1822, in-8, dem.-rel. bas. — Des Dénonciateurs et des dénonciations. *Paris, Pélicier*, 1816, in-8, fig. br.

67. Ce sont les coustumes du pays et conté du Maine, publiées par messeigneurs Mᵉ Thibault Baillet, président, et Jehan Le Lièvre, conseiller. (*A la fin :*) *Imprimé à Paris l'an mil cinq cent et XIX.* Pet. in-8, goth.

Exemplaire bien conservé.

68. Recueil de pièces imprimées et manuscrites, arrêts, déclarations, mémoires, concernant les Assemblées des grands jours de Lyon, de Poitiers, de Clermont, l'Assemblée du clergé de France; les plaintes du Parlement contre ces Assemblées, etc.... 1596 à 1666. 13 pièces in-8 et in-4 en 1 vol. in-4, parch.

Plusieurs de ces pièces sont rares. Exemplaire du cardinal de Choiseul-Beaupré, archevêque de Besançon. Avec ses armes sur papier et des notes probablement de sa main.

69. Histoire des Perruques, par M. J.-B. Thiers. *Paris*, 1690, in-12, v. gr.

70. Traitté des droicts honorifiques des Seigneurs es Églises, par Mathias Mareschal. *Paris, J. Guignard*, 1655, in-4, vélin.

71. Précis historique et analytique des pragmatiques, concordats, déclarations et autres actes relatifs à la discipline de l'Église, en France, depuis saint Louis jusqu'à Louis XVIII, par G. Peignot. *Paris, A.-A. Renouard*, 1817, in-8, br.

72. Défense de la déclaration de l'Assemblée du Clergé de France de 1682, touchant la puissance ecclésiastique, par messire Bénigne Bossuet. *Amsterdam, aux dépens de la compagnie*, 1745, 3 vol. in-4, v. marbr.

73. Mémoire pour les abbés, prieurs et religieux des abbayes de Saint-Vincent du Mans, de Saint-Martin de Sées, de Saint-Sulpice de Bourges, de Saint-Alire de Clermont, et de Saint-Augustin de Limoges. *Paris, imp. de M. Lambert*, 1764, in-4, broché.

SCIENCES ET ARTS.

___

I. SCIENCES PHILOSOPHIQUES.

1. *Philosophie. — Morale. — Éducation.*

74. Dictionnaire des sciences philosophiques, par une Société de professeurs et de savants. *Paris, L. Hachette,* 1851, 6 vol. in-8, dem.-rel. dos et coins de mar. br. tête dor. n. rog.

75. Dictionnaire philosophique portatif; nouvelle édition, revue, corrigée et augmentée de divers articles par l'auteur. *Londres,* 1765, in-8, br.

76. Platonis Opera quæ feruntur omnia. *Turici,* 1839, in-4, demi-rel. v. ant.

77. Les deux livres de la Divination de Cicéron, traduits par M. l'abbé Régnier (Desmarais). *Paris, Grégoire Dupuis,* 1710, in-12, mar. r. jans. tr. dor. (*Rel. anc.*)

78. L. Annæi Senecæ philosophi Opera omnia. *Amstelodami, apud Elzevirios,* 1659, 4 vol. pet. in-12, dem.-rel. dos et coins de mar. br. tr. dor.

79. Profession de foi du vicaire savoyard, par J.-J. Rousseau. *Paris, Sallior, et imp. de Poignée et Volland,* s. d., in-18, frontisp. gr., mar. r. fil. dos orné, tr. dor. (*Rel. anc.*)

80. Messianisme, union finale de la philosophie et de la religion constituant la philosophie absolue (par Hoené Wronski). *Paris,* 1851, 2 vol. in-4, br.

81. Jordanus Brunus Nolanus de lampade combinatoria Lulliana. *Witebergæ,* 1587, pet. in-8, fig. vél.

82. De l'Esprit (par Helvétius). *Paris, Durand,* 1758, in-4, vélin.

83. Anacrise, ou parfait jugement et examen des esprits propres et naiz aux sciences.... composé en espagnol par M. Jean Huart, et mis en françois par Gabriel Chappuis Tourangeau. *Lyon, Jean Didier,* 1597, in-12, v. f. fil. dos orné, tr. dor. (*Mouillures et raccom. au titre.*)

84. Die Geschichte der Secle von Dr Gotthilf Heinrich v. Schubert. *Stuttgart,* 1850, 2 vol. in-8, cart.

85. Justi Lipsii de Constantia libri duo, qui alloquium præcipue continent in publicis malis. *Autuerpiæ, ex officina Plantiniana, apud Joannem Moretum*, 1599, in-4, fig. vél.

86. De la Constance, ouvrage philosophique en forme d'entretien sur les maux publics, trad. des œuvres latines de Juste-Lipse, par M. de L***. *Paris, Prault*, 1741, in-12, mar. r. fil. tr. dor. (*Rel. anc.*)

87. Les Essais de Michel, seigneur de Montaigne ; édition nouvelle, corrigée et augmentée. *Paris, Robert Bertault*, 1625, in-4, vél.

88. L'Esprit des Essais de Michel de Montaigne. *Paris, Ch. de Sercy*, 1677, in-12, v. gr.

89. Recherches sur Montaigne, documents inédits recueillis et publiés par le Dr J.-F. Payen. N° 4. *Paris, J. Techener*, 1856, in-8, fig. br.

90. Recherches sur l'auteur des épitaphes de Montaigne. — Lettres à M. le Dr J.-F. Payen, par Rheinold Dezeimeris. *Paris, A. Aubry*, 1861, in-8, br.

91. De la Sagesse, trois livres, par P. Charron. *Dijon, imp. de Frantin*, 1801, 4 vol. in-12, dem.-rel. dos et coins de mar. r. tête dor. n. rog.

92. L'Entretien des bons esprits sur les vanitez du monde, par le sieur de La Serre. *Rouen, Louys Loudet*, 1631, pet. in-8, fig. v. gr.

93. Réflexions, sentences et maximes morales de La Rochefoucauld, éd. conforme à celle de 1678, par G. Duplessis, avec une préface par Sainte-Beuve. *Paris, P. Jannet*, 1853, in-12, br.

94. Réflexions ou sentences et maximes morales de La Rochefoucauld, édition L. Lacour. *Paris, D. Jouaust*, 1868, in-8, br.

95. Les Caractères de Théophraste, traduits du grec, avec les Caractères ou les mœurs de ce siècle (par la Bruyère). *Paris, Est. Michallet*, 1694, in-12, v. f.
Huitième édition.

96. Les Caractères ou les mœurs de ce siècle, par la Bruyère, suivis du discours à l'Académie et de la traduction de Théophraste. *Paris, Belin-Leprieur*, 1845, gr. in-8, fig. sur chine, br.

97. Les Caractères de Théophraste, traduits du grec, avec les Caractères ou les mœurs de ce siècle, par La Bruyère, nouvelle édition par Adrien Destailleur, *Paris, P. Jannet*, 1854, 2 vol. in-16, cart. n. rog.

98. La Bruyère. Les Caractères ou les mœurs de ce siècle, précédés d'une introduction par M. Sainte-Beuve; illustrations par Penguilly, Grandville et Jules David. *Paris, Morizot,* s. d., gr. in-8, fig. sur chine, br.

99. Essai historique et philosophique sur le goût (par l'abbé Cartaud de La Villate). *Amsterdam,* 1736, in-8, v. gr.

100. De la Superstition et de l'enthousiasme, par M. l'abbé Pluquet. *Paris, Ad. Le Clerc,* 1804, in-12, br.

101. Des Passions (par mad. d'Arconville). *Londres,* 1764, in-8, fig. v. marbr.

102. L'Ami des vieillards, présenté au roi, par l'abbé Roy. *Paris, de l'impr. de Monsieur,* 1784, 2 vol. in-18, cart. non rog.

103. De la Vertu, par Sylvain Maréchal. *Paris, L. Collin,* 1807, in-8, br.

104. J'aime les morts, par Arthur de Gravillon. *Paris, impr. de L. Perrin,* 1861, pet. in-8, pap. teinté, br.

105. Les Femmes d'après les auteurs français, par E. Muller, dessins de Staal. *Paris, Garnier frères,* s. d., gr. in-8. br.

106. Pensées de Jean-Paul, extraites de tous ses ouvrages, traduites de l'allemand, par M. le marquis de la Grange. *Paris, Levrault,* 1836, in-8, demi-rel. v. tr. dor.

107. L'Honneste Femme (par Du Boscq); dernière édition, reveue, corrigée et augmentée par l'auteur. *Rouen, Fr. Vaultier,* 1650, 3 part. en 1 vol. pet. in-8, vél.

108. Le Livre des mères. Les Enfants. par V. Hugo, vignettes par Froment. *Paris, J. Hetzel,* s. d., gr. in-8, fig. br.

109. Avis d'une mère à son fils et à sa fille (par la marquise de Lambert). *Paris, Et. Ganeau,* 1728, in-12, v. marbr.

110. Éducation des filles, par messire Fr. de Salignac Fénelon. *Paris, P. Aubouyn,* 1696, in-12, v. gr.

111. L'Instruction du peuple. Histoire de l'enseignement populaire, par L. Lebon. *Bruxelles, C. Muquardt,* 1868, in-8, demi-rel. v. f.

112. L'Instruction populaire en Allemagne, en Suisse et dans les pays Scandinaves, par Fréd. Monnier. *Paris,* 1866, in-8, demi-rel. mar. r.

113. Bulletin administratif du ministère de l'Instruction publique. *Paris, Impr. imp.,* 1868-70, 4 vol. in-8, demi-rel.

Années 1868 et 1869 formant les tomes 9, 10, 11 et 12 de la nouvelle série.

2. *Politique; économie politique.*

114. Justi Lipsii Politicorum, sive civilis doctrinæ libri sex...
additæ notæ auctiores, tum et de una religione liber. *Lugduni Batavorum, ex offic. Joan. Maire*, 1634, tr.-pet. in-16,
frontisp. gr. mar. r. tr. dor. (*Rel. anc.*)

115. Essais de palingénésie sociale (par Ballanche). *Paris,
impr. de J. Didot*, 1827, 2 vol. in-8, br.

116. Du Pouvoir des souverains, et de la liberté de cons-
cience, en deux discours, traduits du latin de M. Noodt....
par Jean Barbeyrac. *Amsterdam, Pierre Humbert*, 1714,
in-12, frontisp. gr. mar. r. fil. tr. dor. (*Rel. anc.*)

117. Question royale et sa décision (par l'abbé de Saint-Cy-
ran). *Paris, Toussainct du Bray*, 1609, in-12, v. marbr.

118. Fragments sur les institutions républicaines, ouvrage
posthume de Saint-Just, précédé d'une notice par Ch. Nodier. *Paris, Techener*, 1831, in-8, br.

119. Exposition des principes du gouvernement républicain
tel qu'il a été perfectionné en Amérique, par Achille Mu-
rat. *Paris, Paulin*, 1833, in-8, demi-rel. mar. bl. tête dor.
n. rog.

120. Le Conseiller d'Estat, ou Recueil des plus générales considérations servant au maniement des affaires publiques,
divisé en deux parties (par Phil. de Béthune). *Jouxte la
copie imprimée à Paris (Leyde, Elzev.)*, 1641, pet. in-12,
mar. r. tr. dor. (*Rel. anc.*).

121. Histoire de la législation des femmes publiques et des
lieux de débauche, par M. Sabatier. *Paris, Gagniard*, 1830,
in-8, br.

122. Les Filles publiques de Paris, et la police qui les régit,
par F.-F.-A. Béraud. *Paris*, 1839, 2 vol. in-12, cart. n.
rog.

123. Histoire de la monnaie, par M. le marquis Garnier. *Paris, veuve Agasse*, 1819, 2 tom. en 1 vol. in-8, demi-rel.
v. br.

124. Traité des monnoies, et de la jurisdiction de la cour des
monnoies, en forme de dictionnaire, par M. Abot de Bazin-
chen. *Paris, Guillyn*, 1764, 2 vol. in-4, v. marbr.

125. Enquête sur les principes et les faits généraux qui ré-
gissent la circulation monétaire et fiduciaire. *Paris, Impr.
impériale*, 1867-69, 6 vol. in-4, mar. br. fil. tr. dor.
Bel exemplaire.

126. Exposition universelle de Londres de 1862. Rapports
du jury international sur l'Exposition, publiés sous la direction de M. Michel Chevalier. *Paris*, 1862, tom. 1, 3,
4 et 5, in-8, br.

Double, tome ɪ et 5.

127. Exposition universelle de 1867. Rapports du jury international, publiés sous la direction de M. Michel Chevalier.
Paris, P. Dupont, 1878, 13 vol. in-8, br.

128. Analyse de la question des sucres, par le prince Napo-
léon-Louis Bonaparte. *Paris*, 1842, gr. in-8, cart. n. rog.

II. SCIENCES PHYSIQUES ET CHIMIQUES.

129. Traité de physique élémentaire suivi de problèmes, par
Ch. Drion et Em. Fernet. *Paris, V. Masson*, 1862, in-12,
fig. br.

130. Théorie des vents, par M. le chevalier de la Coudraye.
Fontenay, 1786, in-8, mar. r. fil. tr. dor.

131. Recherches physiques sur l'électricité, par M. Marat.
Paris, Nyon, 1782, in-8, fig. v. marbr.

132. Traité pratique de la fabrication et de la distribution du
gaz d'éclairage et de chauffage, par Samuel Clegg. *Paris,
E. Lacroix*, 1860, in-4, et atlas, br.

133. Traitez de l'équilibre des liqueurs, et de la pesanteur
de la masse de l'air, par M. Paschal. *Paris, Guil. Desprez*,
1663, in-12, fig. v. gr.

Édition originale.

134. Le Vray et méthodique Cours de la physique résolutive
vulgairement dite chimie, représenté par figures générales
et particulières pour connoistre la théotechnie ergocosmi-
que, c'est-à-dire l'art de Dieu en l'ouvrage de l'univers, par
Annibal Barlet. *Paris, N. Charles*, 1653, in-4, fig. sur bois,
vél. (*Piqûres de vers.*)

135. Leçons de chimie appliquée à la teinture, par M. E. Chevreul. *Paris, Pichon et Didier*, 1830, 2 vol. in-8, br.

136. Cours élémentaire de chimie, par M. V. Regnault. *Paris,
V. Masson*, 1858, 4 vol. in-12, fig. br.

137. Abrégé de chimie, par MM. J. Pelouze et E. Fremy. *Paris, V. Masson*, 1859, 3 vol. in-12, fig. br.

138. Recherches sur la découverte de l'essence de rose, par
L. Langlès. *Paris, Impr. impériale*, 1804, pet. in-12, pap.
vél. cart. n. rog.

III. SCIENCES NATURELLES.

Histoire naturelle; agriculture.

139. Dictionnaire universel d'histoire naturelle, par M. Charles d'Orbigny. *Paris*, 1841-49, 13 tom. en 25 vol. in-8, et atlas color. br.

140. Bibliothèque de l'École des hautes études, publiée sous les auspices du ministre de l'instruction publique, section des sciences naturelles. *Paris, V. Masson*, 1869, 3 vol. in-8, br.

141. Roberti de Valle, Rothomagensis, Compendium memorandorum vires naturales et commoda comprehendens a Plinio data. Prologus in sequentem difficilium Plinii explanationem. *Parisiis, Durand Gerlier*, 1505, 2 part. en 1 vol in-4, v. (*Raccom.*)

142. Description géologique et minéralogique du département de la Loire, par M. L. Gruner. *Paris, Impr. impériale*, 1857, in-8, br.

143. Statistique minéralogique et zoologique du département des Ardennes, par MM. C. Sauvage et A. Buvignier. *Mézières, Trécourt*, 1842, in-8, carte, br.

144. Richesse minérale de l'Algérie, accompagnée d'éclaircissements historiques et géographiques, par Henri Fournel. *Paris, Impr. impériale*, 1854, 2 vol. in-4, et atlas, br.

145. Cours élémentaire d'histoire naturelle. Botanique, par M. Adrien de Jussieu. *Paris, V. Masson*, 1865, in-12, fig. br.

146. Manuel cosmétique et odoriférant des plantes, ou Traité de toutes les plantes qui peuvent servir d'ornement, de fard et de parfums aux dames, par J.-P. Buchoz. *Paris*, 1800, in-8, cart. n. rog.

147. Les Roses, peintes par P.-J. Redouté, décrites et classées selon leur ordre naturel par C.-A. Thory. *Paris, P. Dufart*, 1828-29, 3 vol. in-8, demi-rel. dos et coins de mar. bl. tête dor. n. rog.

147 *bis*. Flore des serres et des jardins de l'Europe, Journal général d'horticulture, sous la direction de M. J. Decaisne et L. Van Houlte. *Gand*, 1865, *portr. et nombr. fig. col.* 2 vol. gr. in-8, demi-rel. dos et coins de mar. r. fil. tête dor. n. rog.

Tomes 14ᵉ et 15ᵉ seulement.

148. L'Illustration horticole, journal spécial des serres et des
jardins, rédigé par Ch..Lemaire et publié par Amb. Vers-
chaffelt. *Gand*, 1866, gr. in-8, nombr. fig.; col. demi-rel.
dos et coins de mar. vert, fil. tête dor. n. rog.

Treizième volume seulement.

149. L'Ancienneté de l'homme, par le marquis de Nadaillac.
Paris, A. Franck, 1870, pet. in-8, cart.

150. Indigenous Races of the earth, by Alf. Maury. *Philadel-
phia*, 1857, gr. in-8, fig. br.

150 *bis*. BUFFON. Œuvres complètes, annotées par Flourens.
Paris, Garnier, s. d., 12 vol. in-4, demi-rel. mar. bl. (*Figures coloriées.*)

151. The Animal Kingdom, arranged according to its organisation by baron Georges Cuvier. *London*, 1854, gr. in-8,
fig. cart.

152. Théorie des ressemblances, ou Essai philosophique
sur les moyens de déterminer les dispositions physiques et
morales des animaux, par le Ch^{er} Da Gama Machado. *Paris, impr. de J. Claye*, 1858, in-4, pl. color. cart.

153. L'Oiseau, par J. Michelet, dessins par H. Giacomelli.
Paris, L. Hachette, 1867, gr. in-8, br.

154. Histoire naturelle des oiseaux de Paradis, des séricules
et des épimaques, par M. R.-P. Lesson. *Paris, Ar. Bertrand, s. d.*, in-4, fig. color. en feuilles. (*Manque la planche 26.*)

155. Études sur les maladies actuelles du ver à soie, par
A. de Quatrefages. *Paris, V. Masson*, 1859, in-4, br.

156. Mémoire sur les cyprinoïdes de Chine, par P. Bleeker.
Amsterdam, C. G. Van der Post, 1871, in-4, avec 14 planches cart.

Publié par l'Académie royale néerlandaise des sciences. — Avec une autre
brochure du même auteur.

157. Le Jardin des plantes, description complète, historique
et pittoresque du Muséum d'histoire naturelle, par MM. P.
Bernard, L. Couailhac, etc. *Paris, L. Curmer*, 1842, 2 vol.
gr. in-8. fig. demi-rel. v. v.

158. Le Livre des prouffits champestres et ruraulx, touchant
le labour des champs, vignes et jardins, composé par
Pierre des Crescens. *Imprimé à Paris par Jehan Petit et
Michel Le Noir, s. l. n. d.*, in-fol. goth. à 2 col. figures sur
bois.

Incomplet du feuillet LXXIIII.

159. Le Jardinier françois (par N. de Bonnefons). *Paris,
Ant. Cellier*, 1666, pet. in-12, fig. vél. — Les Délices de
la Campagne, suite du Jardinier françois (par le même).
Paris, Ant. Cellier, 1662, pet. in-12, fig. vél.

Rares.

IV. SCIENCES MÉDICALES.

160. Histoire de la médecine par des figures, tirées des médailles anciennes, par Daniel Le Clerc. *Amsterdam, G. Gallet,* 1702, 3 part. en 1 vol. in-4, fig. v. gr.

161. Hippocrate dépaïsé, ou la Version paraphrasée de ses
aphorismes en vers françois, par L. de F. (Louis de Fonte-
nette). *Paris, Edme Pepingué,* 1654, in-4, vél.

162. Le Jardin de santé, translaté de latin en françoys (par
Jean de Cuba). *Imprimé à Paris par Philippe Le Noir,
libraire demeurant à Paris, s. d.,* 2 part. en 1 vol. in-fol.
goth. à 2 col. nombr. fig. sur bois, v. br.

Cette édition paraît être la même que celle de 1529, citée par M. Brunet.
Mais il ne parle que de la première partie, qui a bien ici aussi 246 feuillets,
non compris la table. La seconde se compose ici de 149 feuillets, plus le
Traité des urines, 12 feuillets et la table.
Le titre est en mauvais état, en partie déchiré et remonté, et plusieurs
feuillets sont raccommodés.

163. Le Médecin royal, ou le Parfait médecin charitable, par
Charles de Saint-Germain. *Paris, Cardin Besongne,* 1668,
in-8, v. gr.

164. Singularités physiologiques. L'Homme machine, par La
Mettrie. — Lucina sine concubitu, ou la Génération soli-
taire, par Abr. Johnson. *Paris, Frédéric Henry,* 1865, 2 vol.
in-16, br.

165. Le Sommeil et les Rêves, études psychologiques sur ces
phénomènes, par L.-F. Alfred Maury. *Paris, Didier,* 1661,
in-8, demi-rel. dos et coins de mar. br. tête dor. n. rog.

166. Amilec, ou la Graisse d'hommes. *S. l.,* 1753, pet. in-12,
v. marbr.

167. De Conceptu et generatione hominis, de matrice et ejus
partibus, necnon de conditione infantis in utero et gravida-
rum cura et officio... Jacobi Rueffi. *Francoforti ad Mœ-
num,* 1580, pet. in-4, fig. sur bois, v. marbr.

168. Le Miroir de la beauté et santé corporelle, par M. Louys
Guyon. *Lyon, Cl. Prost,* 1643, 2 vol. in-8, v. f. (*Piqûres
de vers au tome II.*)

169. L'Art de connaître les hommes par la physionomie, par Gaspard Lavater. *Paris, Depelafol,* 1835, 10 vol. gr. in-8, fig. br.

170. Recueil de remèdes faciles et domestiques, par J. Ressayre. *Paris, J. Musier,* 1701, 2 vol. in-12, v. f. (*Aux armes.*)

171. De la Digestion et des maladies de l'estomac. *Paris, Fr. Fournier,* 1712, in-12, mar. r. tr. dor. (*Rel. anc.*)

172. L'Orthopédie, ou l'Art de prévenir et de corriger dans les enfants les difformités du corps, par M. Audry. *Paris, veuve Alix,* 1741, 2 vol. in-12, fig. v. marbr.

V. SCIENCES MATHÉMATIQUES.

173. Euclidis Megarensis mathematici clarissimi elementorum geometricorum lib. XV, cum expositione Theonis in priores XIII a Bartholomeo... etc... his adjecta sunt phænomena, catoptrica et optica,....*Basileæ, apud Johan. Hervagium,* 1537, in-fol. fig. rel. en bois recouv. de peau de truie estampée. (*Les* 12 *premiers feuillets sont en mauvais état.*)

Exemplaire ayant appartenu au comédien GRASSOT.

174. Compte fait de Barême, ou Tarif général, dédié à M. Desmaretz. *Paris, veuve Macé,* 1708, in-8, mar. r. fil. tr. dor. (*Rel. anc.*)

175. Traité de cinématique, ou Théorie des mécanismes, par Ch. Laboulaye. *Paris, E. Lacroix,* 1861, in-8, br.

176. Application de la mécanique aux machines, par A. Taffe, revue par M. P. Boileau. *Paris,* 1872, in-8, br.

177. Nouveaux Systèmes de machines à vapeur, par Hoéni Wronski. Introduction philosophique. *Paris, impr. de J. Didot,* 1834-35, in-4, br. — Le Sphinx, ou la Nomothétique sehélienne (N° 1), par le même. *Paris, impr. de Doublet,* 1818, in-4, br.

178. Mémoires sur le canal de l'Ourcq et la distribution de ses eaux, sur le desséchement et l'assainissement de Paris, par F.-S. Girard. Atlas. *Paris, Carillian-Gœury,* 1845, in-4, obl. cart.

179. Petri Apiani Cosmographia per Gemmam Phrysium, apud Louanienses medicum ac mathematicum insignem, restituta. *Veneunt Antuerpiæ in pingue gallina Arnoldo Berckmano,* 1539, in-4, fig. vél.

180. Cours élémentaire d'astronomie, par M. Ch. Delaunay. *Paris, V. Masson,* 1865, in-12, fig. br.

181. La Théorie des planètes, par M. Ch. Faye. *Paris, J. Dugast,* 1637, in-8, fig. v. gr.

182. Lettre sur la comète (par de Maupertuis). *S. l.,* 1742, in-12, fig. br.

183. Les Cent Pages décisives, pour S. M. l'empereur de Russie, roi de Pologne (par Hoéné Wronski). — Épître de S. M. l'empereur de Russie pour compléter les cent pages décisives et pour accomplir la réforme de la mécanique céleste. — Épître à S. A. le prince Napoléon, sur les destinées de la France. *Metz,* 1850-51, 3 pl. in-4, br.

184. La Pratique et démonstration des horloges solaires, par Salomon de Caus. *Paris, Hyerosme Droüart,* 1624, in-fol. fig. br.

185. Collection archéologique du prince Pierre Soltykoff. Horlogerie. Description et iconographie des instruments horaires du XVIe siècle, par P. Dubois. *Paris, V. Didron,* 1858, in-4, fig. br.

186. Marine militaire, ou Recueil des différents vaisseaux qui servent à la guerre, suivis des manœuvres qui ont le plus de rapport au combat ainsi qu'à l'attaque et la deffense des ports, par Ozanne l'aîné. *Paris, Chereau, s. d.,* in-8, fig. vél.

187. Essay sur les feux d'artifice pour le spectacle et pour la guerre, par M. P. d'O. *Paris, Coustelier,* 1745, in-8, fig. br.

188. Mémoires de M. de Feuquière, contenant ses maximes sur la guerre, et l'application des exemples aux maximes. *Londres, Pierre Dunoger,* 1737, 4 vol. in-12, mar. r. fil. dos orné, tr. dor. (*Rel. anc.*)

189. Collection d'armes de Sa Majesté le roi Charles XV. *Paris, Ch. Lahure, s. d.,* in-4, br.

VI. SCIENCES OCCULTES.

190. Dogme et rituel de la haute magie, par Éliphas Lévi. *Paris, Germer Baillière,* 1856, 2 vol. in-8, fig. br.

191. Discours des sorciers, avec six advis en faict de sorcellerie, par Henry Boguet, Dolanois. *Lyon, P. Rigaud,* 1608, in-8, demi-rel. dos et coins de cuir de Russie.

192. La France trompée par les magiciens et démonolâtres du XVIIIe siècle, fait démontré par les faits, par M. l'abbé Fiart. *Paris, Grégoire*, 1803, in-8, cart.

193. Etteilla, ou la Seule Manière de tirer les cartes (par Alliette), revue, corrigée et augmentée. *Amsterdam et Paris, Lesclapart*, 1773, in-8, fig. demi-rel. dos et coins de v. f.

194. Escalier des sages, ou la Philosophie des anciens, avec de belles figures par un amateur de la vérité, qui a pour l'anagramme de son nom : *En Debes* Pulchra ferundo scire (Barent Cuenders Van Elpen). *Groningue, Ch. Pienian*, 1689, in-fol. v. gr.

195. Trois Traitez de la philosophie naturelle non encore imprimez, sçavoir le secret livre du très-ancien philosophe Artephius traitant de l'art occulte et transmutation metallique, latin-francois, etc., trad. par P. Arnauld. *Paris, Guil. Marette*, 1612, in-4, fig. sur bois, bas.

196. Le Demonsterion de Roch le Baillif Edelphe, medecin spagiric. *Rennes, Pierre le Bret*, 1578, in-8, v. f. fil.

197. Proffetie dell'abbate Gioachino et di Anselmo vescovo di Marlico. *In Padova*, 1625, in-4, fig. sur bois, vél.

198. Les Propheties de M. Michel Nostradamus. *Troyes, P. Chevillot, s. d.*, in-12, portr. br.

VII. BEAUX-ARTS.

1. *Généralités. — Mélanges.*

199. De la Statuaire et de la peinture, traités de Léon-Battista Alberti, trad. en français par Claudius Popelin. *Paris, A. Lévy*, 1868, in-8, fig. br.

200. Des Passions et de leur expression générale et particulière sous le rapport des beaux-arts, par P.-M. Gault de Saint-Germain. *Paris, impr. de Delance et Lesueur*, 1804, in-8, fig. cart.

201. Esthétique générale et appliquée, contenant les règles de la composition dans les arts plastiques, par M. David Sutter. *Paris, Imprimerie impériale*, 1865, in-4, fig. br.

202. Histoire de la Caricature et du grotesque dans la littérature et dans l'art, par Thomas Wright, trad. par Octave Sachot. *Paris*, 1867, in-8, fig. br.

203. L'Artiste. *Paris*, 1839-1858, 10 vol. in-4, demi-rel. et en livraisons.

2ᵐᵉ série, tom. 4 à 7. — 6ᵐᵉ série, tom. 1 et 2. — Nouvelle série, tom. 1 à 4.

204. Catalogue des différents objets de curiosités dans les sciences et arts, qui composoient le cabinet de M. Mariette, par F. Basan, graveur. *Paris, Desprez*, 1775, in-8, fig. demi-rel. (*Prix.*)

205. Le Cabinet du duc d'Aumont et les amateurs de son temps, par le baron Ch. Davillier. *Paris, A. Aubry*, 1870, in-8, br.

206. Catalogue des tableaux, dessins et estampes, composant l'une des collections de feu M. Léon Dufourny, par M. H. Delaroche. *Paris*, 1819, in-4, fig. au trait, br.

2. *Dessin.*

207. Livre de portraiture d'Annibal Carrache. *Paris, chez de Poilly, s. d.*, in-4 obl. 30 planches gravées par de Poilly, v. m. (*Armes sur les plats.*)

208. Les Vrais Principes du dessin, suivis du caractère des passions, par S. le Clerc. *Paris, Lamy, s. d.*, pet. in-8 obl. dem-rel.

209. Méthode élémentaire de dessin, par M. Ottin. *Paris, L. Hachette*, 1868, in-4, dans un carton.

210. Enseignement collectif du dessin, par démonstrations orales et graphiques. Guide de la nouvelle méthode de Frédéric Gillet. *Paris, Renouard*, 1869, in-4, fig. br.

211. Conférence de M. Le Brun, premier peintre du roi de France... sur l'expression générale et particulière des passions, enrichie de figures gravées par B. Picart. *Amsterdam, chez Bernard Picart*, 1713, pet. in-12, nomb. fig., mar. r. fil. dos orné, tr. dor. (*Purgold.*)

Joli volume, assez recherché. Bel exemplaire.

212. Principes de Caricature, suivis d'un essai sur la peinture comique, par Fr. Grose, trad. en français par M. de L***. *Leipzig, s. d.*, in-8, planches dem-rel. bas.

213. L'Art de la lithographie, par M. Aloys Senefelder. *Munich*, 1819, in-8, fig. br.

3. *Peinture.*

214. Histoire des Peintres de toutes les écoles, depuis la Renaissance jusqu'à nos jours, par M. Ch. Blanc. *Paris, J. Renouard, s. d.,* livr. 1 à 556, in-4, fig.

215. Histoire de la peinture en Italie depuis la renaissance des beaux-arts jusque vers la fin du XVIIIe siècle, par l'abbé Lanzi, traduite de l'italien sur la 3e édition, par Mme Armande Dieudé. *Paris, H. Sequin,* 1824, 5 vol. in-8, br.

216. Histoire de la vie et des ouvrages de Raphaël, par M. Quatremère de Quincy. *Paris, le Clère,* 1833. — Appendice, 1833, 2 vol. in-8, br.

217. Raphaël et l'antiquité, par F.-A. Gruyer. *Paris, veuve J. Renouard,* 1864, 2 vol. in-8, br.

218. Les Vierges de Raphaël et l'Iconographie de la Vierge, par F.-A. Gruyer. *Paris, veuve J. Renouard,* 1869, 3 vol.in-8, br.

219. Les Femmes blondes, selon les peintres de l'école de Venise, par deux Vénitiens. *Paris, Aubry,* 1865, in-8, pap. vél. carte, n. rog.

220. Les Peintres de la réalité sous Louis XIII. Les frères Le Nain, par M. Champfleury. *Paris, veuve J. Renouard,* 1862, in-8, br.

221. Documents positifs sur la vie des frères Le Nain, par Champfleury. *Paris,* 1865, in-8, br.

222. Mémoires pour servir à l'histoire de l'Académie royale de peinture et de sculpture, depuis 1648 jusqu'en 1664, publiés par Anat. de Montaiglon. *Paris, P. Jannet,* 1853, 2 vol. in-12, br.

223. EDMOND ET JULES DE GONCOURT. L'Art au XVIIIe siècle. *Paris, Dentu,* 1859-70, 10 part. in-4, br.

Prudhon, les Saint-Aubin, Boucher, Greuze, Chardin, Fragonard, Debucourt, Latour, Gravelot, Eisen.

224. Éloge biographique de Maurice-Quentin de la Tour, peintre du roi Louis XV, par Ernest-Dréolle de Nodon. *Paris, Amyot,* 1856, in-8, portr. br.

225. Salon de 1822, ou Collection des articles insérés au Constitutionnel sur l'exposition de cette année, par M. A. Thiers. *Paris, Maradan,* 1822, in-8, fig. br.

226. François Gérard, peintre d'histoire. Essai de biographie et de critique, par Ch. Lenormant. *Paris*, 1847, in-12, br.

227. Correspondance de Fr. Gérard, peintre d'histoire, avec les artistes et les personnages célèbres de son temps, publiée par M. Henri Gérard. *Paris*, 1867, in-8, portr. br.

228. Ingres, sa vie et ses ouvrages, par M. Charles Blanc. Avec un portrait du maître, gravé par Flameng, douze gravures sur acier, par divers... un fac-simile d'autographe et une gravure sur bois. *Paris, veuve J. Renouard*, 1870, gr. in-8, br.

229. Decamps et son œuvre, par Adolphe Moreau, avec des gravures en fac-simile des planches originales les plus rares. *Paris, Jouaust*, 1869, in-8, br.

230. L'Artiste. Histoire de l'art contemporain, par Arsène Houssaye. *Paris*, 1865-66, 2 vol. in-4. fig. br.

231. Émile Galichon. Albert Dürer, sa vie et ses œuvres. *Paris, Aug. Aubry*, 1861, in-4, frontisp. tiré au bistre, figures, br.
Tiré à petit nombre.

232. Œuvres complètes d'Antoine-Raphaël Mengs, premier peintre du roy d'Espagne, etc. *Paris, à l'hôtel de Thou*, 1786, 2 vol. in-4, dem-rel. v.

233. De la Peinture à l'huile, par J.-F.-L. Mérimée. *Paris*, 1830, in-8, br.

234. Recherches sur l'Histoire de la peinture sur émail dans les temps anciens et modernes, et spécialement en France, par L. Dussieux. *Paris, Leleux*, 1841, in-8, br.

235. Les Émaux cloisonnés, anciens et modernes, par Philippe Burty. *Paris, s. d.*, in-12, fig. br.
Avec les quatre planches. Rare.

236. Essai historique et descriptif sur la peinture sur verre ancienne et moderne, par E.-H. Langlois. *Rouen, Ed. Frère*, 1832, in-8, fig. demi-rel. dos et coins de mar. v. n. rog.

237. Les Galeries publiques de l'Europe, par M. J.-G.-D. Armengaud. Rome. *Paris, Ch. Lahure*, 1857, in-4, fig. dem-rel. mar. r. tr. dor.

238. Les Galeries publiques de l'Europe, par M. J.-G.-D. Armengaud. Rome. *Paris, Lahure*, 1859, in-4, fig. demi-rel. mar. r. pl. toile, tr. dor.

239. Musée de Versailles, ou tableaux de l'Histoire de France, avec un texte explicatif, d'après Henri Martin, Michaud, Burette, etc. *Paris, Furne*, 1850, in-4, fig. cart. n. rog.

240. La Galerie électorale de Dusseldorff, ou Catalogue raisonné et figuré de ses tableaux, par Nicolas de Pigage. *Basle,* 1778, in-4, fig. v. marbr.

241. The Metropolitan museum of art. Etchings of pictures in the metropolitan museum New-York, etched by Jules Jacquemart. *London, published by P. and. D. Colnaghi,* 1871, 10 planches et titre, gravés à l'eau-forte, gr. in-fol. en feuilles.

242. Choix des plus célèbres peintures antiques, réduites et gravées au trait, par C.-P. Landon. *Paris, Treuttel et Würtz,* 1820, in-fol. cart. n. rog.

243. Recueil de diverses pièces, d'après Raphaël, Annibal Carrache, Dominiquin et autres bons maistres d'Italie, nécessaire pour tous ceux qui désirent parvenir au dessin, pour l'instruction de la jeunesse. *Paris, N. Langlois, s. d.,* in-4 obl. cart.

244. Les Loges, peintes à Rome, au Palais du Vatican, par Raphaël Sanzio d'Urbin. *S. l. n. d.,* in-fol. fig. cart.

245. Les Amours de Psyché et de Cupidon, lithographiés d'après les dessins de Raphaël, par MM. Bouillon, Beaugard-Thill, Châtillon, Dejuine, Fragonard, etc..., sous la direction de M. Hip. Castel de Courval. Édition ornée du poëme de la Fontaine. *Paris, F. Didot,* 1825, in-fol, pap. vél., 22 planches tirées sur pap. de Chine, dem.-rel.

246. Vie et Œuvre complet de Dominique Zampieri, dit le Dominiquin, réduit et gravé au trait, publié par C.-P. Landon. *Paris,* 1803, pet. in-fol. demi-rel. bas.

247. Galerie de saint Bruno, fondateur de l'ordre des Chartreux, peinte par E. Le Sueur. *Paris, Villerey,* 1808, in-8, fig. cart.

Exemplaire en grand papier vélin.

248. J.-L. HAMON. Édition photographique A. Faucheur et C. Danelle. 1 vol. in-fol. obl. demi-rel. mar. v.

Recueil de 33 planches photographiées d'après les tableaux de J.-L. Hamon.

249. Le Paysagiste aux champs, croquis d'après nature, par Fr. Henriet. *Paris, A. Faure,* 1866, gr. in-8, eaux-fortes, par Corot, Daubigny, L. Desbrosses, etc., br.

250. Goya, par Charles Yriarte, sa biographie, les fresques, les toiles, les tapisseries, les eaux-fortes et le catalogue de l'œuvre, avec cinquante planches inédites, d'après les copies de Tabar, Bocourt et Ch. Yriarte. *Paris, H. Plon,* 1867, in-4. br.

251. Pensées de F. Garcis, jeune peintre saxon, ou collection
d'esquisses et de sujets gracieux, d'après les dessins qu'on
a de lui. *Paris, Kymli, s. d.*, in-4, cart. n. rog.

4. Gravure.

Traités divers. — Recueils d'estampes. — Ouvrages ornés de gravures.

252. Notices générales des graveurs divisés par nations et des
peintres rangés par écoles, par M. Huber. *Dresde, 1787,*
in-8, fig. v. rac.

253. Iconographie des estampes à sujets galants et des portraits de femmes célèbres par leur beauté, par M. le comte
d'I***. *Genève, J. Gay et fils*, 1868, in-8, br.

254. Chefs-d'œuvre de la gravure moderne, par les principaux artistes de la France et de l'étranger. *Paris, M. Lévy,*
1869, in-fol. cart. toile rouge.

255. Œuvre de Marc-Antoine Raimondi, héliogravure par
E. Baldus. *Paris, s. d.*, in-fol. en ff.

256. Tapisseries du roy, où sont représentez les quatre élémens et les quatre saisons, avec les devises qui les accom-
pagnent et leur explication (en français et en allemand). *In
Augspurg, druckts Johann Jacob Lotter*, 1710, in-fol. fig.
dem.-rel. n. rog. (*Plusieurs feuillets ont des piqûres de vers
et des mouillures.*)

257. Œuvres choisies de Gavarni. *Paris, J. Hetzel et Blanchard*, 1857, in-fol. br.

258. Œuvres de Gavarni. *Hetzel, s. d.*, 4 vol. gr. in-8, br.

259. Album des bêtes à l'usage des gens d'esprit, par Grandville et Kaulbach, texte par Aurélien Scholl et Ch. Joliet.
Paris, 1864, in-fol. br.

260. Album-Événement, 300 dessins par Bocourt, Cou-
verchel, Decamps, A. Deroy, etc. *Paris, s. d.*, in-fol. br.

261. Dessins de Victor Hugo gravés par Paul Chenay, texte
par Théophile Gautier. *Paris, Castel*, 1863, in-4, cart.

262. Paris en 1867. Recueil de 70 eaux-fortes, par Martial.
In-4, en ff.

263. Le Charivari. Recueil de 200 sujets en 1 vol. in-4, demi-
rel.

264. Album de lithographies, par les artistes du Charivari.
Paris, s. d., 7 vol. in-4, br.

265. Au Bal de l'Opéra. *Paris, Aubert, s. d.*, in-4. fig. color. cart.

266. Études photographiques par Ildefonse Roussel, avec une introduction et des notes par L. Jourdan. *Paris, A. Lacroix*, 1866, in-4, dem.-rel. mar. v. pl. toile, tête dor. n. rog.

267. Œuvres de Flaxmann, sculpteur anglais. *Paris, Feillet*, 1823, in-4 obl. en livr.

268. L'Alphabet de la mort de Hans Holbein, publié par Anatole de Montaiglon. *Paris, E. Tross*, 1856, in-8, cart. n. rog.

269. Album des bords de la Loire, composé de cinquante magnifiques gravures sur acier tirées sur papier de Chine, représentant les villes, bourgs et châteaux les plus remarquables de la source de ce fleuve à son embouchure dans l'Océan, par MM. Rouargue frères. *Paris, Ad. Delahays*, 1856; gr. in-4, obl., cart. en toile ornée, tr. dor.

270. Album de la Grande-Sauve dessiné et gravé à l'eau-forte par Léon Drouyn. *Bordeaux*, 1851, in-fol. dem.-rel. bas r.

271. Finden's Ports, Harbourgs and Watering Places. *London, published for the proprietors, by G. Virtue*, 1839, in-4, nombr. vues. dem.-rel. v. bl.

272. Vues pittoresques de l'Écosse dessinées d'après nature par F.-A. Pernot, avec un texte explicatif par Am. Pichot. *Paris, Ch. Gosselin*, 1826, in-4, fig. sur chine, v. viol. compart. tr. dor.

Recueils de portraits.

273. Francorum regum Effigies. *S. l. n. d.*, in-fol., 65 portraits des rois de France, de Pharamond à Louis XV enfant. — Hispanorum regum effigies. *S. l. n. d.*, 84 portr. des rois d'Espagne, depuis Ataulphe (411) jusqu'à Ferdinand VI (1711). — Ritratti de i gran maestri di Malta. *S. l. n. d.*, 70 portraits des grands-maîtres de l'ordre de Malte, depuis Gérard le fondateur (vers 1050) jusqu'à Emmanuel Pinto (1741). Ensemble, 3 vol. in-fol. v. m.

Tous ces portraits, qui étaient tirés petit in-4°, sont remontés sur papier fort de format in-folio, et forment un recueil assez rare. Le titre de chaque volume est manuscrit.

274. Collection de portraits. 2 vol. in-4, dem.-rel. mar.

Cette collection se compose de 254 portaits in-8, découpés et collés sur ff. in-4.

275. Les Augustes Représentations de tous les roys de France, depuis Pharamond jusqu'à Louys XIIII, dit le Grand, à présent régnant, 1679; avec un abrégé historique sous chacun.... *Paris, veuve P. Bertrand*, 1679, in-4, contenant 66 portraits gravés par de Larmessin, v. br.

Bonnes épreuves.

276. Galerie françoise, ou portraits des hommes et des femmes célèbres qui ont paru en France, gravés en taille-douce par les meilleurs artistes sous la conduite de M. Restout. *Paris, Hérissant le fils*, 1771, in-fol. portr. dem.-rel. n. rog.

277. Les Illustres Français, ou tableaux historiques des grands hommes de la France, pris dans tous les genres de célébrité, par M. Ponce, d'après les dessins de M. Marillier. *Paris, s. d.*, in-fol. cart.

278. Les Illustres Français, ou tableaux historiques des grands hommes de la France pris dans tous les genres. *Paris, E.-M. Maurice*, in-fol. fig. de Marillier, cart.

279. Collection complète des portraits de L. Dupré. En 1 vol. in-fol. dem.-rel.

280. Collection de 72 portraits. In-4, in-8 et in-12.

281. Portraits des personnages célèbres de la Révolution, par Fr. Bonneville, avec tableau historique et notices par P. Quenard. *Paris*, 1796, 3 vol. in-4, portr. cart. n. rog.

Vignettes pour l'ornement des livres.

283. Collection de 13 gravures de Percier pour les œuvres d'Horace. Gr. in-8.

284. Supplément de figures par divers artistes pour la Fontaine. In-18, dem.-rel. v. r.

285. Collection de 18 gravures de Desenne avant la lettre pour les œuvres de Molière. In-8.

286. Collection de gravures par Horace Vernet pour les œuvres de Molière. In-8.

287. Collection de 16 gravures par Horace Vernet pour les œuvres de Molière. In-8.

288. Treize Vignettes sur chine pour les œuvres de J.-F. Regnard. Gr. in-8.

289. Collection de gravures de Lefèvre, pour Manon Lescaut de l'abbé Prévôt. In-18, sur peau vélin et sur papier.

290. Collection complète de 113 gravures de Moreau jeune, pour les œuvres de Voltaire. In-8.

291. Collection de 72 gravures de Moreau jeune, pour les œuvres de Voltaire. In-8.

292. Collection de 43 vignettes de Moreau jeune, pour la Henriade et la Pucelle de Voltaire. In-4 et in-8.

293. Collection de 57 vignettes pour les Contes de Voltaire, Ed. Bouillon. In-8.

294. Collection de gravures de Devéria pour les œuvres de J.-J. Rousseau. In-8.

295. Collection de 12 vignettes de T. Johannot pour les œuvres de Delille. Gr. in-8.

296. Galerie des femmes de George Sand, collection de 24 magnifiques portraits gravés sur acier, par H. Robinson, avec un texte par le bibliophile Jacob. *Paris, A. Lacroix, s. d.*, in-4, br.

297. Collection de 45 figures sur acier, par T. Johannot, pour les œuvres de Walter Scott, réunies en 1 vol. in-8, dem. bas.

298. Collection de 28 gravures de T. Johannot, pour les œuvres de Walter Scott. Gr. in-8.

299. Trente vignettes par Al. et T. Johannot, pour les œuvres de Walter Scott. Gr. in-8.

300. The Byron Gallery, a series of historical embellishments, illustrating the poetical works of lord Byron. *London, Smith*, 1838, in-8, fig. mar. bl. compart. tr. dor.

301. Collection de gravures sur chine par Devéria, pour la Satyre Menippée. Édition Nodier. Gr. in-8.

302. Collection de gravures pour la Révolution française de M. Thiers. In-8.

303. Collection de vignettes sur papier de Chine, pour la Révolution française de M. Thiers. In-8.

5. *Sculpture et Architecture.*

304. Quelques Notes sur Jean Goujon, par J. Gailhabaud. *Paris, imp. de Pillet*, 1863, in-8, br.
Tiré à 5o exemplaires.

305. Thorvaldsen, sa vie et son œuvre, par Eug. Plon. *Paris, H. Plon*, 1867, gr. in-8, fig. de F. Gaillard, br.

306. La Colonne de la grande armée d'Austerlitz ou de la
Victoire, par Ambroise Tardieu. *Paris, A. Tardieu*, 1822,
in-4, fig. v. jas. dent.

307. Entretiens sur l'Architecture, par M. Viollet-le-Duc. *Paris, A. Morel*, 1863, 2 vol. in-8, fig. et atlas in-4, br.

308. Cours d'Architecture enseigné dans l'Académie royale
d'architecture, par M. François Blondel. *Paris et Amsterdam, P. Mortier*, 1698, in-fol. fig. v. gr.

309. Habes, lector studiosissime, Francisci M. Grapaldi opus
elegantissimum. *Parisiis, Granjon*, 1511, pet. in-4, vél.
(*Taches.*)

Études sur la disposition des édifices au moyen âge et dans l'antiquité.

310. Dictionnaire raisonné de l'architecture française du XIe
au XVIe siècle, par M. Viollet-le-Duc. *Paris, A. Morel*,
1867-68, 10 vol. in-8, fig. br.

311. Instructions du Comité historique des arts et monuments.
Style roman et style gothique du XIe au XVIe siècle. *Paris,
Imp. royale*, 1840, in-4, fig. br.

312. Architecture romane du Midi de la France, dessinée,
mesurée et décrite par Henry Revoil. *Paris, A. Morel*, 1868,
in-fol. fig. en livr.

313. Construction d'une Notre-Dame au XIIIe siècle, suivie des
comptes de l'œuvre de l'église de Troyes au XIVe siècle,
par l'auteur des Archives curieuses de la Champagne. *Paris, Aug. Aubry*, 1858. Pet. in-12, br.

314. Rabelais et l'architecture de la Renaissance. Restitution
de l'abbaye de Thélème, par Ch. Lenormant. *Paris, J. Cro-
zet*, 1840, in-8, pl. br.

315. Le Moniteur des architectes. Nouvelle série. *Paris,
A. Lévy*, 1869, in-4, fig. en ff.

316. Revue générale de l'Architecture et des travaux publics,
publiée par M. C. Daly. *Paris*, 1868, (26e vol.) in-4, fig.
en livr.

317. Essai sur l'Architecture théâtrale, par M. Patte. *Paris,
Moutard*, 1782, in-8, fig. dem.-rel. bas.

318. Parallèle des principaux Théâtres modernes de l'Europe et des machines théâtrales françaises, allemandes et
anglaises, dessins par Clément Coutaut, texte par Joseph
de Filippi. *Paris, A. Lévy*, 1859, in-fol. dem.-rel. mar. r. n.
rog.

319. Recueil d'Architecture dessinée et mesurée en Italie
par F.-L. Scheult, composé de 72 planches gravées à l'eau-

forte par M. H.-J. Picou. *Paris, Bance aîné,* 1840, in-fol.
br.

320. Recueil d'Architecture civile, contenant les plans,
coupes et élévations des châteaux, maisons de campagne
et habitations rurales, jardins anglais, temples, chau-
mières, kiosques, ponts, etc.... situés aux environs de
Paris et dans les départements voisins. Ouvrage composé
de 121 planches, accompagné d'un texte explicatif, par
J.-Ch. Krafft, architecte. *Paris, de l'imp. de Crapelet, chez
Bance,* 1812; grand in-fol. dem.-rel.

321. Collection des plus belles compositions de Lepautre,
publiée et gravée par Decloux, architecte, et Doury, peintre.
*Paris, chez Decloux et chez Doury, et Lyon, a la librairie
Beand,* s. d., in-fol., 100 pl. cart.

322. (Les Palais du domaine de la couronne, 1837). — Le
Palais des Tuileries, du Louvre. — Le Palais-Royal. — Le
Palais de Versailles. — Le Château de Fontainebleau. — Le
Château de Neuilly. — Le Château d'Eu. *Paris, imp. de
L.-B. Thomassin,* 1837; 6 pièces en 1 vol. in-4, cart.

323. Documents relatifs aux travaux du Palais de Justice de
Paris et à la construction de la Préfecture de police.
Paris, 1858, in-fol. br.

324. Paris moderne, ou choix de maisons construites dans
les nouveaux quartiers de la capitale et dans ses environs,
levées, dessinées. gravées et publiées par Normand fils.
Paris, Bance, 1837, in-4, dem.-rel. bas.

325. Monographie de l'église de la Sainte-Trinité construite
par la ville de Paris, par M. Th. Ballu, architecte. *Paris,
A. Dupuis,* 1868, in-fol. fig. en ff.

326. Monographie des Halles centrales de Paris, construites
sous le règne de Napoléon III..., par V. Baltard et feu
F. Callet, architectes. *Paris, A. Morel,* 1863, gr. in-fol.,
36 pages de texte et

327. Sainte-Marie d'Auch. Atlas monographique de cette
cathédrale, par M. l'abbé F. Canéto. *Paris, V. Didron,*
1857, in-fol. en ff.

328. Le Manoir de Tourlaville, par Th. Du Moncel. *Paris,
Gihault frères,* s. d. in-fol. en ff.

329. Plans des plus beaux jardins pittoresques de France,
d'Angleterre et d'Allemagne, et des édifices, monuments,
fabriques, etc..., qui concourent à leur embellissement...,
par J.-Ch. Krafft. *Paris, de l'imp. de Levrault,* 1809,
2 vol. in-fol. obl., frontisp. à chaque vol. et 96 et 88 pl.
cart.

330. Le Laurentin, maison de campagne de Pline le Consul, restitué d'après sa lettre à Gallus, gravé et publié par J. Boucket, architecte. *Paris*, 1852, in-4, br.

331. Devis, conditions, prix et adjudications des ouvrages de maçonnerie, pour les réparations et changemens qu'il conviendra faire dans les châteaux, palais, maisons royales, et autres appartenantes au roy, à Paris, à Vincennes, à la Muette et leurs dépendances, par M. Gabriel. *S. l. n. d.*, in-fol. vél. v.

332. Les Arts décoratifs à toutes les époques, par Édouard Lièvre. *Paris, A. Morel*, 1868, in-fol. en ff.

333. L'Ornement polychrome. Cent planches en couleurs, or et argent, contenant environ 2000 motifs de tous les styles, art ancien et asiatique, moyen âge, renaissance, xviie et xviiie siècle. Recueil historique et pratique publié sous la direction de M. A. Racinet, avec des notes explicatives. *Paris, F. Didot, s. d.*, in-fol. cart. en percal. orn. tr. dor.
Belle publication.

334. Spécimens de la décoration et de l'ornementation au xixe siècle, par Liénard. 125 planches divisées en 3 parties. *Liége et Leipzig, Charles Claesen, éditeur, s. d.* (1866), in-fol. dem.-rel. mar. r. plats toile ornés.

335. Ornements, vases et décorations d'après les maîtres, par Péquégnot. *Paris, A. Morel, s. d.*, 13 vol. in-4, dem.-rel. mar. r. et en ff.

336. Dictionnaire raisonné du mobilier français de l'époque Carlovingienne à la Renaissance, par M. Viollet-le-Duc. *Paris, A. Morel*, 1865-73, 5 vol. in-8, fig. br.

337. La Cassette de saint Louis, roi de France, donnée par Philippe le Bel à l'abbaye du Lis. Reproduction en or et en couleurs, grandeur de l'original, par les procédés chromolithographiques; accompagnée d'une notice historique et archéologique... par Edmond Ganneron. *Paris, de l'imp. de J. Claye*, 1855; in-fol. mar. br. compart. fleurdelisés à froid. (*Armes en couleurs aux quatre coins et au milieu des côtés.*)

338. Recueil des dessins de tapis, tapisseries et autres objets d'ameublement exécutés dans la manufacture de MM. Chenavard. *Paris, s. d.*, in-fol. dem.-rel.

VIII. ARTS ET MÉTIERS DIVERS.

1. *Musique.*

339. Histoire générale de la Musique et de la Danse, par J. Adrien de La Fage. *Paris*, 1844, 2 vol. in-8, et album in-4, br.

340. Histoire générale de la Musique depuis les temps les plus anciens jusqu'à nos jours, par F.-J. Fétis. *Paris, F. Didot*, 1869, 3 vol. in-8, br.

341. Les Origines de la Chapelle. Musique des souverains de France. *Paris, Claudin*, 1864, in-18, br.

342. Essais de diphtérographie musicale, par Adrien de La Fage. *Paris, O. Legouix*, 1864, in-8, br.

Exemplaire sur papier vert.

343. Manuel général de Musique militaire à l'usage des armées françaises, par G. Kastner. *Paris, F. Didot*, 1848, in-4, musique, br.

344. Les Instruments des Écoles italiennes, catalogue précédé d'une introduction et suivi de notes sur les principaux maîtres, par J. Gallay. *Paris*, 1872, in-12, br.

345. L'Art du facteur d'orgues, par D. Bedos de Celles, bénédictin. *S. l.*, 1766-1778, 4 part. en 3 vol., nombr. pl. cart. n. rog.

2. *Calligraphie, Typographie, Céramique, Reliure. Art culinaire.*

346. Nouveau Livre d'écriture pour apprendre de soi-même à écrire, à dresser des mémoires de dépense et autres, et la nouvelle manière de dresser des lettres pour la vie civile, gravé par L. Parmentier. *Paris, J.-Fr. Chereau, s. d.*, in-8.

347. Typologie, ou description pratique et détaillée des caractères alphabétiques latins, français, anglais, gothiques et allemands, à l'usage des sculpteurs, fondeurs, peintres en bâtiments, par Moreau et Dammartin. *Paris, de l'impr. de J. Cluis, s. d.*, in-fol. obl. cart.

66 planches de lettres de toutes sortes.

348. Principes des écritures françaises, ronde, bâtarde, coulée, démontrés par Alexandre Bourgoin, gravés sous sa

direction par d'Avignon. *Paris, Basset, s. d.*, gr. in-fol. br. et 7 autres cahiers de modèles in-fol., par le même graveur.

349. The Universal Penman. Recueil de nombreux modèles d'écriture de toute sorte, par divers écrivains anglais. *S. d.*, in-fol. v. br.

350. Traité élémentaire de l'Imprimerie, ou le manuel de l'imprimeur, par Aut.-Franc. Monoro. *Paris, Tilliard, s. d.*, in-8, planches, br.

351. Essai d'une nouvelle Typographie, ornée de vignettes, fleurons, trophées, filets, cadres et cartels, inventés, dessinés et exécutés par L. Luce, graveur du Roi. *Paris, J. Barbou*, 1771, in-4, fig. v. f.

352. Histoire de la faïence de Rouen, par André Pottier. *Rouen, Le Brument*, 1870, in-4, br. et atlas.

353. Davillier (le baron Ch.). La Fayence, poëme de P. de Frasnay. — Une Vente d'actrice sous Louis XVI. Mlle Laguerre, de l'Opéra. — Les Porcelaines de Sèvres de Mme Du Barry. *Paris, Aubry*, 1870, 3 vol. in-8, br.

354. Album de reliures artistiques et historiques, accompagné de notes explicatives, par le bibliophile Julien (1re partie). *Paris, Bachelin-Deflorenne*, 1869, in-4, br.

355. Almanach des gourmands. *Paris, Maradan*, 1803-1812, 8 vol. — Nouvel Almanach des gourmands, par A.-B. de Périgord. *Paris, Baudouin*, 1825-27, 3 vol. — Almanach perpétuel des gourmands. *Paris, Barba*, 1830 et 1840. — Historiographie de la table, par C. Veidot. *Paris*, 1833. — La Gastronomie pour rire, par le César Gardetou. *Paris, Dentu*, 1827. — L'Anti-Gastronomie, ou l'homme de ville sortant de table. *Paris, Hubert*, 1806. — Le Manuel de la friandise, ou talents de ma cuisinière Isabeau. *Paris, Janet*, 1796. Chansonnier du Gastronome, par MM. Béranger, J. Cabassol, F. Davin, etc. *Paris, T. Renduel*, 1831 ; ensemble 18 vol. in-18, fig. br.

356. Grand Dictionnaire de cuisine, par Alex. Dumas. *Paris, Alph. Lemerre*, 1873, gr. in-8, br.

357. Le Livre de cuisine, par Jules Gouffé. *Paris, L. Hachette*, gr. 1870, in-8, fig. de Roujat, br.

358. Le Livre des conserves, par Jules Gouffé. *Paris, L. Hachette*, 1869, gr. in-8, fig. sur bois, br.

359. Le Livre de pâtisserie, par Jules Gouffé. *Paris, Hachette*, 1873, gr. in-8, fig. de Roujat, br.

360. Traité de confitures, ou le Nouveau et parfait Confiturier. *Amsterdam, P. Mortier, s. d.*, in-12, v. gr.

361. Le Cannaméliste français, ou nouvelle instruction pour ceux qui désirent d'apprendre l'Office, rédigé en forme de dictionnaire par le sieur Gilliers. *Nancy, veuve Leclerc,* 1768, in-4, bas.

IX. EXERCICES GYMNASTIQUES.

1. *Équitation. — Danse.*

362. Préceptes principaux que les bons Cavalerisses doivent exactement observer en leurs escoles, tant pour bien dresser les chevaux aux exercices de la guerre et de la carrière, que pour les bien emboucher, composez par le sieur de la Brouë. *La Rochelle, Hierosme Haultin,* 1593, in-fol. réglé, fig. dem-rel., dos et coins de mar. r. (*Titre remonté, les premiers ff. sont raccommodés et mouillés.*)

363. L'Art de monter à cheval, pour élever la Noblesse dans les plaisirs du manége, par Delcamps. *Paris, N. Le Gras,* 1691, in-12, fig. v. gr.

364. Traité sur la cavalerie, par M. le comte Drumond de Melfort. *Paris, de l'impr. de Guill. Desprez,* 1776, 2 vol. in-fol., 2 frontispices et planches, demi-rel. mar rouge.

L'un des volumes contient le texte avec des frontispices et des plans. Le second est un atlas de grandes planches pliées, gravées d'après les dessins de Van Blarhenberg.

365. La Vérité à cheval, par le comte Savary de Lancosme-Brevés, dessins d'Eug. Giraud et de Ph. Ledieu, gravés par Gagnon. *Paris, Ledoyen,* 1843, gr. in-8, br.

366. De l'Équitation et des Haras, par le comte Savary de Lancosme-Brevés, dessins par E. Giraud, gravés par Gagnon. *Paris, Ledoyen,* 1845, in-4, br.

367. Chorégraphie, ou l'Art de décrire la danse par caractères, figures et signes démonstratifs avec lesquels on apprend facilement de soy-même toutes sortes de danses, par MM. Feuillet et Dezais. *Paris,* 1713, in-4, gravé, v. gr.

2. *Chasses.*

368. Le Livre de la chasse du grand seneschal de Normandie et les ditz du bon chien Souillard, publié par le baron J. Pichon. *Paris, A. Aubry,* 1858, pet. in-8, mar. v. fil. n. rog. .

Un des dix exemplaires sur papier de couleur.

369. Traité de la Vénerie, par M. Budé, trad. du latin en français par H. Chevreul. *Paris, Aubry,* 1861, pet. in-8, br.

370. Livre du roy Charles, de la Chasse du cerf, publié par H. Chevreul. *Paris, A. Aubry,* 1859, pet. in-8, br.

371. La Chasse, poëme, par Ch. Perrault. *Paris, A. Aubry,* 1862, in-8, br.

872. Almanach du Chasseur, ou Calendrier perpétuel. *Paris, Pissot,* 1773, in-12, cart.

373. Essai de Vénerie, ou l'art du Valet de limier, par M. Desgraviers. *Paris, impr. de Levrault,* 1810, in-8, demi-rel.

374. Les Chasses de Charles X, souvenirs de l'ancienne cour, par Eug. Chapus. *Paris, Beauvais,* 1837, in-8, br.

375. Le Chasseur au chien d'arrêt, par M. E. Blaze. *Paris, Moutardier,* 1836, in-8, br.

376. Le Chasseur au chien d'arrêt, par E. Blaze. *Paris,* 1846, in-8, br.

377. Le Chasseur au chien courant, par Elzéar Blaze. *Paris, Barba,,* 1838, 2 vol. in-8, cart. n. rog.
Manque le titre du tome Ier.

378. Le Chasseur conteur, ou les Chroniques de la chasse, par Elzéar Blaze. *Paris, Tresse,* 1840, in-8, demi-rel. bas.

379. Guide et hygiène des chasseurs, par M. le comte de Langel. *Paris, Arthus-Bertrand, s. d.,* in-8, br.

380. Museo del Cacciatore, o collezione di tutte le specie di Selvaggina, da Vittore Adam. *Venezia,* 1844, gr. in-8, fig. demi-rel.

381. La Chassomanie, poëme par Deyeux, compositions de Alf. de Dreux, Beaume, Forest, Foussereau, etc. *Paris, A. Delahays,* 1856, in-8, fig. br.

382. La Chasse à la haie, par Peigné-Delacourt. *Paris, veuve Bouchard-Huzard,* 1858, in-4, fig. cart. n. rog.

383. Souvenirs d'un Chasseur touriste, suivis d'un Essai sur la chasse souterraine du blaireau et du renard, par Edmond Le Masson. *Avranches,* 1859, in-8, br.

384. Dommages aux champs, causés par le gibier, par Alex. Sorel. *Paris, A. Aubry,* 1861, in-8, br.

385. Tristia, Histoire des misères et des fléaux de la chasse de France, par A. Toussenel. *Paris, Dentu,* 1863, in-12, demi-rel. mar. r. n. rog.

A. 3

386. Les Femmes chasseresses, par Adolphe d'Houdetot, dessin d'Horace Vernet. *Paris*, 1859, in-12, br.

387. La Chasse dans la vallée du Rhin (Alsace et Bade), par Maurice Engelhard. *Strasbourg*, 1864, in-18, br.

388. A propos de chasses à l'isard, à l'ours et au sanglier, par A. Fouquier. *Paris, veuve A. Morel*, 1872, in-8, eaux-fortes, par Fouquier, br.

389. Amusements de la campagne, ou nouvelles ruses inno-centes qui enseignent la manière de prendre aux piéges toutes sortes d'oiseaux et de bêtes à quatre pieds, par le sieur L. Liger. *Paris, Cl. Prudhomme*, 1709, 2 vol. in-12, fig. v. gr.

390. Traité complet de la chasse des alouettes au miroir avec le fusil, par le commandant P. Garnier. *Paris, A. Aubry*, 1866, in-12, cart.

391. Falknerklee, bestehend in drey ungedruckten Werken über die Falknerey; nähmlich : 1. das Falkenbuch (tur-kisch); 2. ΙΕΡΑΚΟΣΟΦΙΟΝ das ist : die Habichtslehre; 3. Kaiser Maximilians Handscrift über die Falknerey... aus dem turkischen und griechischen verdeutsch... herausgege-ben von Hammer-Purgstall. *Wien, in Commission bey C. A. Hartleben*, 1840, gr. in-8, fig. br.

Livre curieux et devenu rare. Cette édition n'a été tirée qu'à 3oo exem-plaires.

392. La Fauconnerie ancienne et moderne, par J.-C. Chenu et O. Des Murs. *Paris, L. Hachette*, 1862, in-12, fig. br.

393. Le Vieux Pêcheur, par Th. Deyeux. *Paris, Houdaille*, 1837, in-18, fig. br.

X. JEUX.

395. Les Jeux des anciens, leur description, leur origine, leurs rapports avec la religion, l'histoire, les arts et les mœurs, par L. Becq de Fouquières. *Paris, C. Reinwald*, 1869, in-8, fig. br.

396. Chess rendered familiar by tabular demonstrations of the various positions and movements as described by Phi-lidor, by J. G. Pohlman. *London*, 1819, in-8, fig. demi-rel. v. br.

397. Nouveau Traité du jeu des échecs, par L. C. de la Bourdonnais. *Paris, au café de la Régence*, 1833, in-8, fig. demi-rel.

398. Encyclopédie des Échecs, par A. Alexandre. *Paris,* 1837, in-4, demi-rel. bas.

399. Le Joli petit Jeu de la maison que Pierre a bâtie. *Paris, Pillet,* in-8, 1820, fig. demi-rel. v. f.

BELLES-LETTRES.

1. LINGUISTIQUE. — RHÉTORIQUE.

400. Glossarium eroticum linguæ latinæ, sive theogoniæ, legum et morum nuptialium, auctore P. P. *Parisiis, Dondey-Dupré,* 1826, in-8, demi-rel. dos et coins de mar. v.

401. Lexique roman, ou Dictionnaire de la langue des troubadours, par M. Raynouard. *Paris, Sylvestre,* 1844, 6 vol. in-8, br.

402. Dictionnaire de la langue romane ou du vieux langage françois (par Lacombe). *Paris, Saillant,* 1768, 2 vol. in-8, bas.

403. Dictionnaire étymologique de la langue française, par B. de Roquefort. *Paris, Decourchant,* 1829, 2 vol. in-8, br.

404. Règles pour la prononciation des langues françoise et latine (par Moulis). *Paris, Lottin l'aîné,* 1761, in-12, v. marbr. fil. (*Aux armes.*)

405. Récréations philosophiques, par F. Génin. *Paris, Chamerot,* 1858, 2 vol. in-12, br.

406. Les Excentricités du langage français, par Lorédan Larchey; 2e édition. *Paris,* 1861, in-18, eau-forte, demi-rel. mar. bl. tête dor. n. rog.

407. Examen critique des dictionnaires de la langue fançaise, par Ch. Nodier. *Paris, Delangle,* 1828, in-8, br.

408. Discours préliminaire du nouveau dictionnaire de la langue françoise, par A.-C. de Rivarol (1re partie). *Paris, Cocheris,* 1797, in-4, cart. n. rog.

409. Projet d'un glossaire français (par Lacurne de Sainte-Palaye). *Paris, H.-L. Guérin,* 1756, in-4 de 30 pag. cart.

410. Dictionnaire de la langue française, par E. Littré. *Paris, Hachette,* 1873, 4 vol. in-4, demi-rel. mar. n. pl. toile.

411. Lexique comparé de la langue de Molière et des écrivains du xviie siècle, par F. Génin. *Paris, F. Didot,* 1846, in-8, br.

412. Dictionnaire néologique à l'usage des beaux esprits du siècle, avec l'éloge historique de Pantalon-Phœbus (par Des Fontaines). *S. l.,* 1727, in-12, v. gr.

413. Dictionnaire raisonné des onomatopées françoises, par Ch. Nodier. *Paris, Delangle frères,* 1828, in-8, br.

414. Recherches sur l'histoire du langage et des patois de Champagne, par Tarbé. *Reims,* 1851, 2 vol. in-8, br.

Exemplaire sur papier jaune.

415. Grammaire sanscrite-française, par M. Desgranges. *Paris, Impr. royale,* 1847, 2 vol. in-4, br.

416. Dictionarium linguæ Thaï sive Siamensis interpretatione latina, gallica et anglica illustratum, auctore D. J. B. Pallegoix. *Parisiis, jussu imperatoris impressum,* 1854, in-4, br.

417. Mémoire sur le système grammatical des langues de quelques nations indiennes de l'Amérique du Nord, par M. P.-Et. Du Ponceau. *Paris,* 1838, in-8, br.

418. M. Fabii Quintiliani Institutionum oratoriarum libri duodecim.... Accesserunt huic renovatæ editioni Declamationes.... cum Turnebi, Camerarii, Parei, Gronovii et aliorum notis. *Lagduni Batav. et Roterodami, ex offic. Hackiana,* 1665, 2 vol. in-8, 2 frontisp. gr. v. f. fil. dos orné, tr. dor. (*Rel. anc.*)

419. Six Oraisons de Cicéron avec une sommaire exposition du sujet de chacune d'icelles, par François Joulet, sieur de Chastillon. *Paris, impr. de Robert Estienne,* 1609, pet. in-8, v. f.

420. Huit Oraisons de Cicéron, seconde édition. *Paris, J. Camusat,* 1639, pet. in-12, v. gr.

421. Oraisons funèbres de Bossuet, Fléchier et autres orateurs, avec un discours préliminaire et des notices, par M. Dussault. *Paris, Louis Janet,* 1820-1826, 4 vol. in-8, portr. et figures, demi-rel. v. ant. dos orné.

Exemplaire en PAPIER VÉLIN, non rogné.

II. POÉSIE.

1. *Poëtes grecs et latins.*

422. Homeri Ilias et Odyssea opera, studio et impensis
Josuæ Barnes. *Cantabrigiæ,* 1711, 2 vol. in-4, v. gr.

423. Œuvres complètes d'Homère, traduction nouvelle, par
M. Gin. *Paris, impr. de Didot l'ainé,* 1786-88, 4 vol. in-4,
fig. de Marillier, cart. n. rog.

424. L'Iliade, poëme, avec un discours sur Homère, par
M. de La Motte. *Paris, Gr. Dupuis,* 1714, pet. in-8, fig.
v. gr.

425. L'Homère travesti, ou l'Iliade en vers burlesques (par
de Marivaux). *Paris, P. Prault,* 1716, 2 vol. pet. in-12. fig.
v. gr.

426. L'Odissée d'Homère traduict du grec en françois, par
Claude Boitel. *Paris, veuve Mathieu Guillemot,* 1617, in-8,
titre gravé, vél.

427. Odes d'Anacréon, trad. en vers sur le texte de Brunck,
par J.-B. de Saint-Victor. *Paris, H. Nicolle,* 1818, in-8, fig.
de Girodet, cart. n. rog.

428. L'Enlèvement d'Hélène, poëme de Coluthus, traduit en
français par A. Stanislas Julien. *Paris, de Bure,* 1823, in-8,
fig. br.

429. Poetæ latini rei venaticæ scriptores et bucolici antiqui,
videlicet Gratii Falisci atque M. Aurelii Olympii Nemesiani,
quibus nunc primum accedunt Gerardi Kempheri. *Lugduni
Batavorum, J. A. Lingerak,* 1728, in-4, fig. cart. n. rog.

430. Erotopægnion, sive Priapeia veterum et recentiorum.
Lutetiæ Parisiorum, apud C. F. Patris, 1798, pet. in-8,
fig. demi-rel. v. ant.

431. Catulli, Tibulli et Propertii Opera. *Birminghamiæ, typis
Johan. Baskerville,* 1772, in-4, v. rac.

432. C. Valerii Catulli Carmina varietate lectionis et perpetua
adnotatione illustrata a Frider. Guiliel. Dœring. *Londini,*
1820, in-8, cart. n. rog.

433. Lucrèce, de la Nature des choses, traduit en françois
avec des remarques (par le baron Des Coutures). *Paris,
Bleuet,* 1768, 2 vol. in-8, pap. de Holl. fig. de Gravelot, v.
marbr. fil. tr. dor.

434. P. Virgilius Maro varietate lectionis et perpetua adnotatione illustratus a Chr. Gottl. Heyne. *Parisiis, P. Didot,*
1819-22, 8 vol. in-8, demi-rel. mar. v.

435. OEuvres de Virgile, édition polyglotte. *Paris, Cormon
et Blanc,* 1838, gr. in-8, demi-rel. mar. r. titre dor.
n. rog.

436. OEuvres de Virgile, trad. en françois, le texte vis-à-vis
la traduction, avec des remarques, par M. l'abbé Des Fontaines. *Paris, impr. de P. Plassan,* 1796, 4 vol. in-8, fig.
de Moreau et G. Zocchi, demi-rel. v. viol.

437. Le Virgile travesti en vers burlesques, par Paul Scar-
ron; nouvelle édition par V. Fournel. *Paris, A. Delahays,*
1858, in-18, br. ·
Exemplaire en papier vélin.

438. L'Énéide, traduite par J. Delille. *Paris, Giguet et Michaud,* 1804, 4 vol. in-4, pap. vél. fig. de Moreau, Gérard,
Girodet, etc., demi-rel. bas. v.

439. L'Énéide, traduite en vers français, par J. Delille ; seconde édition, revue et corrigée avec les variantes. *Paris,
Michaud,* 1813-14, 4 vol. in-8, fig. de Moreau, cart.
n. rog.

440. Q. Horatii Flacci Satyrarum libri I, satyra V. *Romæ,*
1816, in-fol. fig. v. v. dent. tr. dor.

441. Q. Horatii Flacci Opera, collatis edd. optimis, edidit
Joh. Aug. Amar. *Parisiis, apud Lefevre bibliopolam,* 1821,
pet. in-16, pap. vél. portr. mar. violet, compart. dos orné,
tr. dor. (*Thouvenin.*)

442. OEuvres complètes d'Horace, édition polyglotte. *Paris,
Cormon et Blanc,* 1834, gr. in-8, demi-rel. mar. r. tête
dor. n. rog.

443. P. Ovidii Metamorphosis cum luculentissimis Raphaelis
Regii enarrationibus.... (In fine :) *Impressum Venetiis per
Georgium Rusconem de Mediolano,* 1521, in-fol. de 172 ff.
nombr. fig. sur bois, parch. (*Mouillures et piqûre de vers
aux premiers ff.*)

444. Les Métamorphoses d'Ovide, traduites en vers avec des
remarques et des notes, par M. Desaintange. *Paris, Desray,* 1808, 4 vol. in-8, fig. d'Eisen, Moreau, etc., demi-rel.
v. gris.

445. Les Héroïdes d'Ovide, traduction nouvelle. *Paris, Debarle,* 1797, in-8, br.

446. Élégies de Tibulle, par Mirabeau. *Paris,* 1798, 3 vol.
in-8, fig. de Borel, v. rac. dent. tr. dor.

447. P. Cornelii Severi Ætna, et quæ supersunt fragmenta cum notis et interpretatione accessit Petri Bembi. *Amstelodomi, apud Henricum Schelte*, 1703, pet. in-8, fig. vél. dent. tr. dor.

448. Satires de Juvénal et de Perse, traduites en vers français, par M. J. Lacroix. *Paris, F. Didot*, 1846, gr. in-8, pap. vél. br.

449. Ausonii Burdigalensis, viri consularis, omnia quæ adhuc in veteribus bibliothecis inveniri potuerunt opera. *Burdigalæ, apud S. Millangium*, 1604, in-4, fig. vél.

450. Antonii Panormitæ (Becatetti) Hermaphroditus; primus in Germania edidit et apophoreta adjecit Freder. Garol. Forbergius. *Coburgi*, 1824, in-8, br. (*Rare.*)

451. Hortus epitaphiorum selectorum, ou Jardin d'épi'aphes choisies, où se voyent les fleurs de plusieurs vers funèbres, tant anciens que nouveaux, tirez des plus fleurissantes villes de l'Europe. *Paris, Gaspar Meturas*, 1648, in-12, v. ant. dent. tr. dor. (*Courteval.*)

452. Antonii Sebastiani Minturni de poeta, ad Hectorem Pignatellum, Vibonensium ducem, libri sex. *Venetiis*, 1559, in-4, mar. r. dent. tr. dor. (*Rel. anc.*)

453. Baisers de Jean Second, avec le texte latin, traduits en vers français par Mme Céleste Vien. *Paris, Delaunay*, 1832, in-8, br.

454. CAHIER DE THÈMES, versions et vers, à SAINTE-BEUVE. Troisième classe, 1817. Fini mercredi 13 août 1817. Petit in-4, cart.

Manuscrit de la main de SAINTE-BEUVE, alors qu'il faisait ses études au collége de Boulogne. Sa signature se trouve sur ce cahier en quatre endroits différents.

455. Macaronéana, ou Mélanges de littérature macaronique des différents peuples de l'Europe, par M. Octave Delepierre. *Paris, G. Gaucia*, 1852, in-8, br.

2. *Poëtes français.*

A. Poëtes français depuis les trouvères jusqu'à Villon.

456. Essai sur l'histoire de la poésie française en Belgique, par M. André Van Hasselt. *Bruxelles, M. Hayez*, 1838, in-4, br.

457. Fabliaux, ou Contes du xiie et du xiiie siècle, traduits ou extraits d'après divers manuscrits du temps (par Le

Grand d'Aussy). *Paris, Onfroy*, 1791, 4 vol. in-8, v. marbr·
fil.

458. Les Trouvères Brabançons, Hainuyers, Liégeois et Na-
murois, par M. Arthur Dinaux. *Paris, J. Techener*, 1863,
in-8, br.

459. Fragments d'épopées romanes du XIIe siècle, traduits et
annotés par Edward Le Glay. *Paris, Techener*, 1838, pet.
in-8, br.

460. Achille Jubinal. Jongleurs et trouvères, 1833, pap. de
Holl. — Un Dit d'aventure, 1835. — Le Miracle de Théophile, 1838. — La Complainte d'outre-mer. — Des XXIII Manières de vilains, etc. 10 brochures in-8.

461. Fables inédites des XIIe, XIIIe et XIVe siècles et Fables de
la Fontaine, précédées d'une notice sur les fabulistes, par
A.-C.-M. Robert. *Paris, Ét. Cabin*, 1825, 2 vol. in-8,
fig. br.

462. La Vie de la vierge Marie de maître Wace, publiée (par
M. Luzarche). *Tours, impr. de J. Bouscrez*, 1859, in-12,
pap. de Holl. demi-rel. dos et coins de mar. bl. tête dor.
n. rog. (*Capé*.)

463. Passion de N.-S. Jésus-Christ et passion de S. Léger en
langue romane et en vers, publiées par M. Champollion-
Figeac. *Paris, F. Didot*, 1849, in-4, br.

464. Romancero de Champagne. *Reims*, 1863, 5 vol. in-8, br.

465. Les Œuvres de Blondel de Neele. *Reims*, 1862, in-8, br.

466. Les Amours du bon vieux Temps (Aucassin et Nicolette, etc..., publiées par de la Curne de Sainte-Palaye).
Paris, Duchesne, 1756, in-12, br.

467. Aucassin et Nicolette, roman de chevalerie proven-
çal-picard, publié avec introduction et traduction, par Alfred Delvau. *Paris, Bachelin-Deflorenne*, 1866, in-8, cart.
n. rog.

468. La Conquête de Jérusalem faisant suite à la chanson
d'Antioche, composée par le pèlerin Richard, publiée par
C. Hippeau. *Paris, A. Aubry*, 1868, in-8, demi-rel. mar. v.

469. Hippeau (C.). La Vie de saint Thomas le Martyr. — Le
Bel Inconnu, ou Giglain fils de messire Gauvain et de la Fée
aux blanches mains. *Paris, A. Aubry*, 1859-70, 2 vol. pet.
in-8, br.

470. Le Bel Inconnu, ou Giglain fils de messire Gauvain et
de la Fée aux blanches mains, poëme de la Table ronde,
par Renauld de Beaujeu, publié par C. Hippeau. *Paris,
A. Aubry*, 1860, pet. in-8, br.

471. Le Bestiaire d'amour, par Richard de Fournival, suivi de
la réponse de la dame, publiés par C. Hippeau. *Paris,
A. Aubry,* 1860, pet. in-8, fig. br.

472. Amadas et Ydoine, poëme d'aventures, publié par C.
Hippeau. *Paris, A. Aubry,* 1863, pet. in-8, demi-rel.
mar. v.

473. Vers sur la mort, par Thibaud de Marly. *Paris, impr.
de Crapelet,* 1835, gr. in-8, pap. vél. cart. n. rog.

474. Poésies de Marie de France, poëte anglo-normand du
XIIIᵉ siècle, publiées par B. de Roquefort. *Paris, Chassé-
riau,* 1820, 2 vol. in-8, fig. demi-rel. v. viol. n. rog.

475. Partonopeus de Blois, publié par G.-A. Crapelet. *Paris,
impr. de Crapelet,* 1834, 2 vol. gr. in-8, pap. vél. br.

476. Le Roman en vers de Girard de Rossillon, jadis duc de
Bourgogne, publié par Mignard. *Paris, J. Techener,* 1858,
gr. in-8, fig. chromolithographiques, demi-rel. mar. bl.
tête dor. n. rog.

Exemplaire sur papier de Hollande.

477. Extrait abrégé des vieux mémoriaux de l'abbaye de
Saint-Aubin-des-Bois en Bretagne. *Paris, P. Jannet,* 1853,
in-12, br.

478. L'Advocacie Notre-Dame, ou la Vierge Marie plaidant
contre le diable, poëme du XIVᵉ siècle, en langue franco-
normande. *Paris, A. Aubry,* 1855, in-12, br.

479. Serventois et sottes chansons couronnés à Valenciennes.
Paris, 1834, in-8, br.

480. La Vie de madame saincte Marguerite, vierge et martyre, avec son oraison. *Imprimé à Troyes chez Jean Lecoq,*
s. d., pet. in-8, goth. mar. r. tr. dor.

481. La Dance aux aveugles et autres poésies du XVᵉ siècle,
extraites de la bibliothèque des ducs de Bourgogne (par
Michault). *Lille, A.-J. Panckoucke,* 1748, pet. in-8, v.
marbr.

482. La Clef d'amour, poëme publié par E. Tross. *Lyon,
impr. de L. Perrin,* 1866, pet. in-8, br.

B. Depuis Villon jusqu'à Malherbe.

483. Œuvres complètes de François Villon, nouvelle édition
avec des notes, par P. L. Jacob (Lacroix). *Paris, Jannet,*
1854, in-16 cart. n. rog.

484. Blasons, poésies anciennes recueillies et mises en ordre par D. M. M*** (Méon). *Paris, P. Guillemot,* 1807, in-8, demi-rel. v. r.

485. Blasons, poésies anciennes des xve et xvie siècles, par M. D. M. M*** (Dominique-Martin Méon). *Paris, Guillemot,* 1809, in-8, demi-rel. mar. r. tête dor. n. rog.

486. Poésies françoises de J.-G. Alione (d'Asti), composées de 1494 à 1520, publiées par J.-C. Brunet. *Paris, Sylvestre,* 1836, in-8, br.

487. Les Noëls virois, par Jean le Houx, publiés avec des notes, par Armand Gasté. *Caen, Le Gost-Clerisse,* 1862, pet. in-8, br.

Tiré à 200 exemplaires.

488. Les Œuvres de Clément Marot de Cahors, reveues et corrigées de nouveau. *Rouen, impr. de Raphaël du Petit-Val,* 1607, pet. in-12, v. gr.

489. Œuvres de Clément Marot (publ. par Langlet du Fresnoy). *La Haye, P. Gosse et J. Neaulme,* 1731, 6 vol. in-12, v. f.

490. Œuvres de Clément Marot, nouvelle édition avec des notes historiques et un glossaire des vieux mots, par M. P. R. Auguis. *Paris, Constant-Chantpie,* 1823, 5 vol. in-18, br.

491. Œuvres complètes de Cl. Marot, nouvelle édition (publ. par M. P. Lacroix). *Paris, Rapilly,* 1824, 3 vol. in-8, demi-rel. mar. viol. n. rog.

492. Œuvres de Clément Marot, annotées, revues sur les éditions originales et précédées de la vie de Cl. Marot, par Ch. d'Héricault. *Paris, Garnier,* 1867, gr. in-8, pap. de Holl. portr. demi-rel. dos et coins de mar. v. tête dor. dos orné, n. rog. (*Raparlier.*)

493. Recueil des plaisants devis récités par les suppôts du seigneur de la Coquille. *Lyon, N. Scheuring,* 1857, pet. in-8, br.

Jolie réimpression tirée à petit nombre.

494. Les Gayetez d'Olivier de Magny, texte original avec notice, par E. Courbet. *Paris, Alph. Lemerre,* 1871, in-18, br.

495. Œuvres poétiques de Jean Bastier de la Péruse Angoumoisin, 1529-1554, nouvelle édition publiée par E. Gellibert des Séguins. *Paris, Jouaust,* 1867, pet. in-8, br.

496. Œuvres de Philippe Desportes, avec des notes, par Alfred Michiels. *Paris, A. Delahays,* 1858, in-18, br.

Exemplaire sur papier vélin.

497. Les Œuvres poétiques d'André de Rivaudeau, nouvelle édition publiée et annotée par C. Mourain de Sourdeval. *Paris, A. Aubry*, 1859, pet. in-8, br.

498. La Puce de Mme Desroches (1583). *Paris, D. Jouaust,* 1872, in-12, br.

499. Œuvres poétiques de Jacques de Champ-Repus, publiées et annotées par Marigues de Champ-Repus. *Paris, Bachelin-Deflorenne,* 1864, pet. in-8, br.

500. Les Foresteries de Jean Vauquelin, sieur de La Fresnaie, poële normand du xvie siècle, précédées d'une introduction par M. Paul Blanchemain. *Caen, Le Gost-Clérisse,* 1869, pet. in-8, pap. de Holl. br.

501. L'Hercule Guépin, poëme en l'honneur du vin d'Orléans, par Simon Rouzeau. *Orléans, H. Herluison (Lyon, impr. de L. Perrin)*, 1860, pet. in-8, pap. teinté, br.

Tiré à cent exemplaires.

502. Œuvres complètes de Régnier, nouvelle édition, avec le commentaire de Brossette, publié en 1729. *Paris, E.-A. Lequien,* 1822, in-8, br.

503. Œuvres complètes de Régnier, nouvelle édition, avec le commentaire de Brossette. *Paris, E.-A. Lequien,* 1822, in-8, demi-rel. v.

504. Œuvres complètes de Mathurin Régnier, précédées de l'histoire de la satire en France, pour servir de discours préliminaire, par Viollet-le-Duc. *Paris, P. Jannet,* 1853, in-12. bas.

505. Œuvres complètes de Régnier, nouvelle édition, avec des notes, par M. Prosper Poitevin. *Paris, A. Delahays,* 1860, in-18, br.

Exemplaire sur papier vélin.

506. Œuvres de Régnier, édition Louis Lacour. *Paris, D. Jouaust,* 1867, in-8, pap. vergé, br.

507. Les Œuvres poétiques de Vauquelin-des-Yveteaux, réunies et publiées par Prosper Blanchemain. *Paris, A. Aubry,* 1854, gr. in-8, pap. vél. br.

C. **Depuis Malherbe jusqu'à nos jours.**

a. *Poésies de divers genres.*

508. Poésies de Malherbe. *Paris, J. Barbou,* 1776, pet. in-8, portr. v. f. dent. tr. dor.

509. Les Poésies de messire F. de Malherbe. *Paris, L. Hachette,* 1862, in-8, br.

510. Les Vers héroïques du sieur Tristan Lhermite. *Paris, J.-B. Loyson,* 1648, in-4. v. gr. fil.

511. Le Vilebrequin de M. Adam Billaut, menuisier de Nevers. *Paris, Guillaume de Luyne,* 1663, in-12, v. gr.

512. Les Chevilles de M. Adam Billaut, menuisier de Nevers, seconde édition, augmentée. *Rouen, J. Caillové,* 1654, pet. in-8, v. gr.

513. Œuvres de maître Adam Billaut, menuisier de Nevers. *Paris, Hubert,* 1806, in-12, br.

514. Poésies diverses attribuées à Molière, ou pouvant lui être attribuées, recueillies et publiées par P. L. Jacob. *Paris, Alph. Lemerre,* 1869, in-18, br.

515. Œuvres diverses du sieur D*** (Despréaux), avec le Traité du sublime ou du merveilleux dans le discours, trad. du grec de Longin. *Paris, Cl. Barbin,* 1694, 2 vol. in-12, fig. v. gr.

516. Œuvres diverses du sieur Boileau-Despréaux, avec le Traité du sublime ou du merveilleux dans le discours, trad. du grec de Longin. *Paris, D. Thierry,* 1701, 2 vol. in-12, fig. v. gr.

517. Œuvres de Boileau-Despréaux, avec les Commentaires. *Paris, Th. Desoer,* 1821, 4 vol. in-18, demi-rel. dos et coins de mar. r. tr. dor.

518. Nouvelles Remarques sur tous les ouvrages du sieur D*** (Despréaux). *La Haye, J. Strick,* 1685, in-12, v. gr.

519. Poésies diverses d'Antoine Rambouillet de la Sablière et de François de Maucroix, avec des notes, par C.-A. Valckenaer. *Paris, A. Nepveu,* 1825, in-8, portr. br.

520. Poésies héroïques, morales et satiriques, par M. de*** (Sanlecque, génovéfain), etc. *Harlem, Ch. Van-den-Dæl,* 1696, in-8, demi-rel.

Édition originale.

521. Œuvres diverses du sieur R** (J.-B. Rousseau.) *Soleure, Ursus Heuberger,* 1712, in-12, v, gr.

522. Œuvres diverses de M. de Grécourt, nouvelle édition. *A Navarre, et se trouve en France,* 1789, 3 vol. in-8, bas. rac.

523. Hardie Résolution de soixante filles jeunes et belles qui estoient persécutées à Paris ; elles ont formé une colonie et

vont à Rome pour y establir l'empire de la beauté et de la galanterie. *S. l. n. d.*, in-4 de 5 pages, non rel.

Pièce en vers. Manuscrit d'une belle écriture des premières années du dix-huitième siècle.

524. Amusemens rapsodi-poétiques, contenant le Galetas, mon Feu, les Porcherons, poëme en VII chants, et autres pièces. *A Stenay, chez J.-B. Meurant*, 1773, in-12, br.

525. Amusemens rapsodi-poétiques, contenant le Galetas, mon Feu, les Porcherons, poëme en VII chants. *Stenay, J.-B. Meurant*, 1773, pet. in-8, demi-rel. vél.

526. OEuvres du cardinal de Bernis. *Paris, Delangle*, 1825, in-8, br.

Exemplaire en grand papier de Hollande.

527. OEuvres complètes de Gilbert, publiées avec les corrections de l'auteur et les variantes. *Paris, Dalibon,* 1823, in-8, fig. de Desenne, demi-rel. v. ant. n. rog.

528. OEuvres de madame la comtesse de Beauharnais. *Amsterdam et Paris, Delalain,* 1776, 3 vol. in-8, pap. de Holl., fig. de Marillier, v. jas. fil. tr. dor.

.529. OEuvres de monsieur de Saint-Marc. *Paris, impr. de Monsieur,* 1781, 3 vol. in-8, fig. de Cochin et Moreau, v. marbr. fil.

530. Poésies posthumes et inédites de André Chénier ; nouvelle et seule édition complète. *Paris, Eug. Renduel,* 1833, 2 vol. in-8, br.

531. Mélanges de poésie (par Janson). *Paris, aux dépens de l'auteur et pour ses amis, sous la direction d'Antoine Bailly, an IX —* 1801, in-12, pap. vél. mar. r. dent. doublé de tabis, tr. dor. (*Bozérian.*)

Exemplaire de Renouard.

532. OEuvres complètes de J. Delille. *Paris, F. Didot,* 1840, gr. in-8, mar. viol. fil. tr. dor.

533. L'Hymen et la Naissance, ou Poésies en l'honneur de L. M. Impériales et Royales. *Paris, F. Didot,* 1812, in-8, fig. mar. viol. compart. tr. dor.

534. Le Sylphe, poésies de feu Ch. Dovalle, précédées d'une préface, par V. Hugo. *Paris, Ladvocat,* 1830, in-8, demi-rel., dos et coins de mar. bl. tête dor. n. rog. (*Rare.*)

535. Les Voix intérieures, poésies par Victor Hugo. *Paris, Eug. Renduel,* 1837, in-8, v. bl. histor. filets, tr. dor.

Tome VI des OEuvres, poésie.

536. Premières Poésies, par Aug. Villiers de l'Isle-Adam. 1856-1858. *Lyon, N. Scheuring,* 1859, pet. in-8, pap. teinté, br.

538. Sonnets humouristiques, par Joséphin Soulary, précédés d'une préface en vers, par J. Janin. *Lyon, N. Scheuring,* 1859, pet. in-8, port. br.

539. Sonnets, poëmes et poésies, par Joséphin Soulary. *Lyon, impr. de L. Perrin,* 1864, pet. in-8, br.
Exemplaire sur papier de Chine.

540. Sonnets, poëmes et poésies, par Joséphin Soulary. *Lyon, impr. de L. Perrin,* 1864, pet. in-8, pap. teinté, br.

541. Recueil d'opuscules en vers et en prose, par Mme*****. *Lyon, impr. de Louis Perrin,* 1860, in-8, pap. teinté, br.

542. Les Échos, fantaisies et souvenirs, par Hector Fleury. *Lyon, impr. de Louis Perrin,* 1861, in-8, pap. teinté, br.

543. Souvenirs et Poésies diverses, par T. V. B. D. M. *Lyon, N. Scheuring,* 1863, in-8, pap. teinté, br.

544. Rhythmes et Refrains, par Paul Ristelhuber. *Lyon, impr. de L. Perrin,* 1864, in-8, pap. teinté, br.
Tiré à 200 exemplaires.

545. Sonnets et eaux-fortes. *Paris, A. Lemerre,* 1869, in-4, br.

b. *Poëmes héroïques, didactiques, héroï-comiques, etc.*

546. La Pucelle, ou la France délivrée, poëme héroïque, par M. Chapelain. *Paris, Aug. Courbé,* 1656, in-fol. fig. portr. v. gr.

547. La Henriade (par M. de Voltaire), nouvelle édition. *Paris, veuve Duchesne,* 1770, 2 vol. in-8, fig. d'Eisen. bas, fil.

548. Bathilde, reine des Francs, poëme en douze chants, par madame Alex. Bonaparte-Lucien. *Paris,* 1846, in-8, portr. br.

549. Jocelyn, épisode, par A. de Lamartine. *Paris, Ch. Gosselin,* 1848, gr. in-8, fig. demi-rel. mar. bl. n. rog.

550. Herculanum, ou l'Orgie romaine, par Méry. *Marseille, typ. de Feissat aîné et Demoncey,* 1834, in-4, demi-rel., dos toile.
Pièce en vers. Première édition.

551. Les Vierges de Lesbos, par Méry, dessins par L. Hamon. *Paris, G. Bell,* 1858, in-4, br.

552. La Légende du Juif errant, compositions et dessins par G. Doré, poëme avec prologue par P. Dupont. *Paris*, 1862, in-fol. cart.

553. Catulle Mendès : Hespérus, poëme swedenborgien. *Paris, Libr. des bibliophiles*, 1872, in-18, br.

554. Narcisse dans l'Isle de Vénus. *S. l. n. d.*, in-8, fig. de Saint-Aubin, cart.

Manque le titre.

555. Les Quatre Métamorphoses, poëme (par M. Le Mercier). *Paris, Laloy, an VII*, in-8, br.

556. La Chasse, poëme, par Charles Perrault. *Paris, A. Aubry*, 1862, in-8, cart. n. rog.

Tiré à petit nombre.

557. La Déclamation théâtrale, poëme didactique en quatre chants (par Dorat). *Paris, Delalain*, 1771, in-8, fig. d'Eisen, v. f. fil.

558. Les Saisons, poëme, par Saint-Lambert. *Paris, P. Didot*, 1795, 2 vol. in-18, pap. vél. br.

559. Les Quatre Heures de la toilette des dames, poëme érotique, par M. de Favre. *Paris, J.-Fr. Bastien*, 1779, in-8, fig. de Le Clerc, demi-rel.

Exemplaire en grand papier.

560. La Maçonnerie, poëme en trois chants. *Paris, Arthur Bertrand*, 1820, in-8, fig. br.

561. Le Vice puni, ou Cartouche, poëme (par Grandval). *Anvers, Nic. Grandveau*, 1725, fig. v. ant.

562. Le Vice puni, ou Cartouche, poëme ; nouvelle édition, revue, corrigée et augmentée par l'auteur (Grandval). *Paris, P. Prault*, 1726, in-8, fig. br.

563. L'Allée de la seringue, ou les Noyers, poëme héroïque, par le sieur D *** (Le Noble). *S. l.*, 1677, pet. in-8, fig. cart.

564. Berthe, ou le Pet mémorable, anecdote du IXᵉ siècle, par L. D. L. (Lombard de Langres). *Paris, L. Collin*, 1808, in-18, br.

565. Louis de Lyvron. Poëmes en prose. Fusains. *Paris, A. Lemerre*, 1867-68, 2 vol. in-8, demi-rel. dos et coins de vélin.

c. *Fables et contes.*

566. Fables choisies mises en vers, par M. de la Fontaine, et par lui revues, corrigées et augmentées de nouveau. *Amsterdam, Zacharie Châtelain*, 1728, 2 part. en 1 vol. pet. in-8, portr. et fig. mar. n. dent. dos orné, tr. dor.

567. Fables de la Fontaine, avec un nouveau commentaire, par Ch. Nodier. *Paris, A. Eymery*, 1818, 2 vol. in-8, fig. de Bergeret, v. bl.

568. Fables de la Fontaine, illustrées par Jules David, avec une notice et des notes, par M. de Walckenaer. *Paris, A. Aubrée*, 1839, in-8, br.

569. Fables de la Fontaine, illustrées par J.-J. Grandville. *Paris, H. Fournier*, 1838, 2 vol. in-8, v. bl. fil. tr. dor.

570. Fables de la Fontaine, illustrées par J.-J. Grandville. *Paris, H. Fournier*, 1838, 2 vol. in-8, fig. demi-rel. v. viol.

571. Fables de la Fontaine, illustrées par Grandville. *Paris, Furne*, 1842, 2 vol. in-8, fig. mar. bl. compart. tr. dor.

572. Essai sur les fables de la Fontaine, thèse par H. Taine. *Paris, veuve Joubert*, 1853, in-8, br.

573. G. Franceschi. Les Fabuleuses Bêtes du bonhomme. *Paris, Jouaust*, 1869, in-8, br.

574. Fables nouvelles, par M. de la Motte. *Paris, Gr. Dupuis*, 1719, in-4, fig. v. gr.

575. Trois Cents Fables en musique dans le goût de la Fontaine. *Liége, F.-J. Desoer, s. d.*, 2 vol. pet. in-8, v. rac. dent.

576. Fables et Contes en vers (par Mérard de Saint-Just). *S. l. n. d.*, in-8, pap. vél. cart. n. rog.

577. Fables de Florian, illustrées par V. Adam, précédées d'une notice par Ch. Nodier. *Paris, Houdaille, s. d.*, in-8, fig. br.

578. Les Métamorphoses du jour, ou la Fontaine en 1831, par Eug. Desmares, vignettes par H. Monnier. *Paris, Delaunay*, 1831, 2 vol. in-8, br.

579. Fables (par Van den Zande). *Paris, F. Didot*, 1849, in-12, pap. vél. br.

Tiré à 200 exemplaires.

580. Contes et Nouvelles en vers, par Jean de la Fontaine. *S. l.*, 1777, 2 vol. in-8, fig. demi-rel. dos et coins de mar. v. tr. dor.

Contrefaçon de l'édition des fermiers généraux.

581. Contes et Nouvelles en vers par Jean de la Fontaine. *Paris, impr. de P. Didot l'aîné*, 1795, 2 vol. in-18, pap. vél. demi-rel. cuir de Russie, n. rog.

582. Contes et Nouvelles de la Fontaine, édition illustrée par MM. T. Johannot, C. Roqueplan, Devéria, etc. *Paris, Arm. Aubrée, s. d.*, gr. in-8, demi-rel. bas.

583. Contes et Nouvelles de la Fontaine, nouvelle édition avec des notes par Mathieu Marais. *Paris, A. Delahays*, 1858, in-18, br.

Exemplaire sur papier vélin.

584. Historiettes ou Nouvelles en vers par M. Imbert, seconde édition, revue, corrigée et augmentée par l'auteur. *Amsterdam et Paris, Delalain*, 1774, in-8, fig. de Moreau, cart. n. rog.

585. Contes dérobés. *Venise, Pantalon-Phébus*, 1787, in-12, demi-rel. bas.

586. Les Contes rémois, par le comte de Chevigné. *Paris, Libr. des bibliophiles*, 1871, in-18, br.

587. Contes brabançons, par Charles de Coster. *Paris, M. Lévy*, 1861, in-8, fig. demi-rel. mar. v.

588. Le Petit-Neveu de Boccace, ou Contes nouveaux en vers; nouvelle édition, revue, corrigée et considérablement augmentée. *Avignon*, 1781, in-8, cart. n. rog.

589. Le Petit-Neveu de Boccace, ou Contes nouveaux en vers; nouvelle édition, revue, corrigée et augmentée, par M. Pl. D. (Plancher de Valcour). *Amsterdam*, 1787, 3 vol. in-8, cart.

.d. *Idylles, épîtres, satires, épigrammes, etc.*

590. Poésies pastorales, par M. Léonard. *Genève et Paris, Lejay, s. d.*, in-8, fig. br.

591. Héroïdes, ou Lettres en vers, par M. Blin de Sainmore. *Paris, Delalain*, 1767, in-8, fig. d'Eisen et de Gravelot, bas.

592. Lettres d'une chanoinesse de Lisbonne à Melcour, officier français, suivies de Ma Philosophie et de quelques poésies fugitives (par Dorat). *La Haye et Paris, Delalain*, 1771, in-8, fig. d'Eisen, v. mar. fil.

593. Lettres d'une chanoinesse de Lisbonne à Melcour, officier français. — Les Victimes de l'amour, etc., par Dorat. *Paris, Delalain*, 1780, in-8, fig. de Marillier, demi-reliure.

594. Épître à Thouvenin, par Lesné. *Paris, impr. de F. Didot*, 1823, gr. in-8, cart.

595. Satires de Dulorens, édition de 1646, publiée par Jouaust. *Paris*, 1869, in-18, portr. br.

596. Onguent à la brûlure et plusieurs autres pièces contenues en ce livre. *S. l.*, 1670. — Le Calvaire profane, ou le Mont-Valérien usurpé par les Jacobins réformez du faux-bourg S.-Honoré à Paris. *S. l.*, 1670, in-12, v. marb. fil. tr. dor.

597. Les Petits-Maîtres, satire. *Paris, Cl. Barbin*, 1694, in-4 de 17 pages, cart.

598. Satyre d'un curé picard sur les vérités du temps, par le R. P. ***, jésuite (en patois picard). *Avignon, Lenclume*, 1754, in-12, br.

599. Histoire des bêtes parlantes, depuis 89 jusqu'à 124, par un chien de berger, recueillie par Et. Gosse (satire). *Paris, Delaforest*, 1828, in-8, fig. color. br.

600. Némésis, satire hebdomadaire, par Barthélemy. *Paris*, 1831, in-4, demi-rel.

Première édition.

601. Épigrammes et Odes anacréontiques. *Paris, D. Jouaust*, 1872, in-18, br.

602. Les Baisers (par Dorat). *La Haye et Paris, Delalain*, 1770. — Les Cerises, contes. *La Haye*, 1769. — Sélim et Sélima, poëme. *Paris*, 1769, in-8, fig. d'Eisen, v. marbr. fil. tr. dor.

e. *Chansons.*

603. Les Sociétés badines, bachiques, littéraires et chantantes, par M. Arthur Dinaux, revues et classées par M. Gustave Brunet. *Paris, Bachelin-Deflorenne*, 1867, 2 vol. in-8, portr. demi-rel, mar. v. n. rog.

604. Anthologie françoise, ou chansons choisies, depuis le treizième siècle jusqu'à présent. *S. l.*, 1765, 1 vol. in-8, fig. de Gravelot, v. marbr. fil.

605. Le Chansonnier huguenot du XVIᵉ siècle (publié par M. H. Bordier). *Paris, Tross (Lyon, impr. de L. Perrin)*, 1871, 2 vol. in-18, br.

606. Les Chansons folastres et récréatives de Gautier Garguille. *Paris, A. Claudin*, 1858, in-12, br.

Tiré à petit nombre.

607. Mes Délassements, ou recueil de chansons et autres pièces fugitives, composées pour mes amis, par Ravrio. *Paris,
Ballard,* 1805-1812, 2 vol. in-8, br.

608. Almanach de Bacchus, ou élite de chansons et rondes
bachiques, composées depuis l'origine de la poésie française, par A. Billaut, Haguenier, Dufresny, etc. *Paris,* 1810,
in-12, fig. br.

609. Chansons complètes de P.-Émile Debraux. *Paris,* 1836,
3 vol. in-32, br.

610. Œuvres complètes de P.-J. de Béranger. *Paris, Perrotin,* 1851, 2 vol. in-8, portr. et fig. demi-rel. dos et coins de
mar. bl. tête dor. n. rog. (*Capé.*)

611. Chants et chansons (poésie et musique de Pierre Dupont), illustrés par T. Johannot, Andrieux, C. Nanteuil, etc.
Paris, Alex. Houssiaux, 1855, 4 tom. en 2 vol. pet. in-8,
demi-rel. mar. r.

612. Chansons, paroles et musique de Frédéric Bérat, illustrations par T. Johannot, Raffet, Bida, etc. *Paris, Alex.
Curmer, s. d.,* in-8, br.

3. *Poëtes italiens, anglais, etc.*

613. Capitoli del signor Pietro Aretino, di messer Lodovico
Dolce, di M. Francesco Sansovino. *S. l.,* 1541, pet. in-8,
v. f. fil. tr. dor. •

614. Il Libro del Perchè, la Pastorella del Marino, la novella
dell' Angelo Gabriello. *Nullibi, s. d.,* pet. in-12, v. fil. tr.
dor.

615. Romancero e historia del muy valeroso cavallero el Cid
Ruy Diaz de Vibar, en lenguage antiguo, recopilado por
Juan de Escobar. *En Cadiz, por Pedro Ortiz,* 1702, in-12,
vél.

616. Tales of the East, comprising the most popular roman-
ces of oriental origin, by Henry Weber. *Edinburgh,*
1812, 3 vol. in-8. demi-rel. v. v.

617. Les Saisons, poëme traduit de l'anglais de Thompson.
Paris, Pissot, 1779, in-8, fig. d'Eisen, br.

618. Fables by John Gay, with a life of the author and embel-
lished with seventy plates. *London, John Stockdale,* 1793,
2 vol. in-8, fig. cart. n. rog.

619. Énide, poëme, par Alfred Tennyson, traduit de l'anglais
par Francisque Michel, dessins de G. Doré. *Paris, L. Hachette,* 1869, in-fol. cart. en toile rouge.

620. Der Nibelungen Noth, illustrirt von Julius Sehnorr von Carosfeld. *Stuttgart*, 1843, in-4, figures d.-rel. mar.

621. Œuvres de Salomon Gessner. *Paris, Barrois, s. d.*, 2 vol. in-4, fig. de L. Barbier, en feuilles.

III. POÉSIE DRAMATIQUE.

1. *Généralités. — Poëtes dramatiques anciens.*

622. Du Théâtre, ou nouvel essai sur l'art dramatique (par Mercier). *Amsterdam*, 1773, in-8, v. marbr. fil.

623. Les Caractères de la tragédie, publié d'après un manuscrit attribué à la Bruyère. *Paris, Académie des bibliophiles*, 1870, in-12, br. *pap. de Holl.*

624. Les Caractères de la tragédie, publiés d'après un manuscrit attribué à la Bruyère. *Paris, Académie des bibliophiles*, 1870, in-12, br.

Exemplaire sur papier de Chine, nº 1.

625. Recueil de pièces sur les théâtres. *Amsterdam et Paris*, 1774, in-8, demi-rel.

626. La Grèce tragique, chefs-d'œuvre d'Eschyle, de Sophocle et d'Euripide, traduits en vers par Léon Halévy. *Paris, J. Labitte*, 1846-61, 3 vol. in-8, demi-rel. v. f.

627. Eschyle, traduction nouvelle, par Leconte de Lisle. *Paris, Al. Lemerre*, 1872, in-8, br.

628. Le Choix d'une femme, comédie, traduite du grec par Em. Legrand. *Paris, libr. des bibliophiles*, 1872, in-18, br.

629. Études sur la Comédie de Ménandre, par A. Ditandy. *Paris, Le Normant*, 1854, in-8, br.

630. Les Comédies de Térence, traduites en françois avec des remarques, par madame D*** (Dacier). *Paris, D. Thierry*, 1688, 3 vol. in-12, v. f.

2. *Poëtes dramatiques français.*

631. De la Réformation du théâtre, par Louis Riccoboni. *S. l.*, 1743, in-12, v. marbr. fil. tr. dor.

632. Anecdotes dramatiques (par Clément et l'abbé de la Porte). *Paris, veuve Duchesne*, 1775, 3 vol. in-8, v. marbr.

633. Les Spectacles de Paris, ou suite du Calendrier historique et chronologique des théâtres. *Chez Duchesne*, 20 vol.
pet. in-18, br. et rel.

Années 1756, 1774, 1776 à 1792, et 1794.

634. Histoire critique et littéraire des théâtres de Paris, par
A.-P. Chalons d'Argé. *Paris, Pollet*, 1824, in-8, cart. n.
rog.

635. Mémoire et comptes relatifs à la réunion des artistes
français et à l'administration des trois théâtres de la République, de l'Odéon et de Feydeau. *Paris, Letellier, s. d.*,
in-4, cart.

636. Lettre à Milord** sur Baron et la demoiselle le Couvreur,
par Georges 'Winch (l'abbé d'Allainval.) — Lettre du
souffleur, et seconde lettre du souffleur de la comédie de
Rouen au garçon de café (par du Mas d'Aigueberre), publiées par J. Bonnassies. *Paris, Willem*, 1870, *photogra-
phies*, in-18. br.

637. Recueil de farces, soties et moralités du xve siècle,
réunis par P. L. Jacob. *Paris, A. Delahays*, 1859, in-18,
br.

Exemplaire sur papier de Hollande.

638. Maistre Pierre Pathelin, suivi du Nouveau Pathelin et du
Testament de Pathelin; nouvelle édition avec des notes,
par P. L. Jacob. *Paris, A. Delahays*, 1859, in-18, br.

Exemplaire sur papier de Hollande.

639. Relation de l'Ordre de la triomphante et magnifique
monstre du Mystère des SS. Actes des Apostres, par Ar-
noul et Simon Greban. *Bourges*, 1836, in-8, fig. demi-rel.
bas. v.

640. Répertoire du Théâtre françois avec des commentaires,
par Voltaire, L. Racine, la Harpe, etc. *Paris, F.-A. Duprat*,
1826, 4 vol. in-8, pap. vél. cart. n. rog.

641. Le Théâtre de P. Corneille, nouvelle édition revue, corrigée et augmentée. *Paris, veuve de P. Trabouillet*, 1706,
5 vol. in-12, v. fr. (*aux armes de M*me *de Verrue.*)

642. Œuvres de P. Corneille, avec les commentaires de Voltaire. *Paris, Ant.-Aug. Renouard*, 1817, 12 vol. demi-rel.
v. f. n. rog. (*Lavé et encollé.*)

643. Œuvres de P. Corneille, avec les notes de tous les commentateurs. *Paris, F. Didot*, 1854-55, 12 vol. in-8, fig.
demi-rel. mar. n. rog.

644. Œuvres complètes de Molière, avec les notes de tous les
commentateurs, édition publiée par L. Aimé-Martin. *Paris,
Lefèvre*, 1824-26, 8 vol. in-8, fig. de Desenne, demi-rel. v.

645. Molière-Lully. Le Mariage forcé, comédie-ballet en 3 actes, ou le Ballet du Roi, nouvelle édition publiée par Ludovic Celler. *Paris, L. Hachette*, 1867, pet. in-8, br.

646. Études sur Molière, ou observations sur la vie, les mœurs, les ouvrages de cet auteur et sur la manière de jouer ses pièces, par Cailhava. *Paris, Debray*, 1802, in-8. cart. n. rog.

647. Supplément aux diverses éditions des Œuvres de Molière, et poésies du comte de Modène. *Paris, F. Didot*, 1825, in-8. br.

648. Découverte d'un autographe de Molière. Réfutation impartiale de quelques points de controverse élevés à ce sujet. *Paris, Ch. Tresse*, 1840, in-8. br.

649. Molière et sa troupe, par H.-A. Soleirol. *Paris*, 1858, gr. in-8, portr. br.

650. La Vengeance des marquis, ou réponse à l'*Impromptu de Versailles*, comédie en prose, réimprimée textuellement d'après l'édition originale. Paris, Loyson, 1664 (par de Villiers, comédien). Notice par le bibliophile Jacob. *Turin, J. Gay*, 1869, pet. in-12, pap. vergé fort. br.

Tirée à 100 exemplaires.

651. Œuvres de Racine. *Paris, par la compagnie des libraires*, 1702, 2 vol. fig. in-12, v. gr.

652. Œuvres de J. Racine, nouvelle édition. *Paris*, 1779, 3 vol. in-12, fig. v. marbr.

653. Œuvres complètes de J. Racine, avec les notes de tous les commentateurs; 4e édition publiée par L. Aimé-Martin. *Paris, Lefèvre*, 1825, 7 vol. in-8, pap. vél. dem.-rel. v. viol. n. rog.

654. Andromaque, tragédie (par Racine). *Paris, Henri Loyson*, 1673, in-12, parch.

Deuxième édition.

655. Bérénice, tragédie, par M. Racine. *Paris, Claude Barbin*, 1671, in-12 de 10 ff., prélim. et 88 pag., v. m.

Édition originale. Exemplaire un peu court de marges.

656. Bérénice, tragédie, par Racine. *Paris, Jean Ribou*, 1675, in-12, parch.

Première pièce du tome second des *Œuvres de Racine*, publiées pour la première fois collectivement en 1675, avec le titre : *Œuvres de Racine. Tome second.*

657. Bajazet, tragédie, par M. Racine. *Et se vend pour l'autheur, à Paris, chez Pierre Le Monnier*, 1672, in-12 de 4 ff. prélim. et 99 pages, parch.

Édition originale. Exemplaire assez grand de marge, mais un peu jauni par l'humidité.

658. IPHIGÉNIE, tragédie, par M. Racine. *Paris, Claude Barbin*, 1675, in-12 de 6 ff. prélim. et 72 pages, v. br.

ÉDITION ORIGINALE. Quatre feuillets de cet exemplaire sont un peu plus courts en tête. Mouillures.

659. PHÈDRE ET HIPPOLYTE, tragédie, par M. Racine. *Paris, Jean Ribou*, 1677, in-12 de 5 ff. prélim. et 74 pag. v. m.

ÉDITION ORIGINALE. Sur les marges de cet exemplaire se trouvent plusieurs notes manuscrites du temps. — Déchirure à un feuillet.

660. ŒDIPE, tragédie, par M. de Voltaire. *Paris, Pierre Ribou*, 1719, in-8, v. br.

Édition originale. Exemplaire dont quelques feuillets sont trop rognés en tête.

661. L'Amateur, comédie par N.-E. Barthe, précédée d'un avant-propos, par le baron Ch. Davillier. *Paris, Aug. Aubry*, 1870, in-12, br.

662. L'Antiquaire, comédie (1751), précédée d'une étude sur les curieux au théâtre, par le baron Ch. Davillier. *Paris, Aug. Aubry*, 1870, in-18, br.

663. Théâtre complet de Beaumarchais, avec les variantes des manuscrits originaux, publiées par G. d'Heylli et F. de Marescot. *Paris, D. Jouaust*, 1869, 4 vol. pet. in-8, br.

664. Le Procès des trois rois Louis XVI, Charles III et George III, plaidé au tribunal des Puissances européennes. *Londres, G. Carcnaucht*, 1780, in-8, fig. br.

665. La Cour plénière, héroï-tragi-comédie en trois actes et en prose, par M. l'abbé de Vermond (par M. Nic. Duveyrier). *Baville*, 1788, in-8, br.

666. Le Martyre de Marie-Antoinette d'Autriche, reine de France, tragédie en cinq actes. *Amsterdam*, 1794, in-8, cart.

667. Charlotte Corday, tragédie en cinq actes et en vers, par J.-B. Salles, publiée par G. Moreau-Chaslon. *Paris, J. Miard*, 1864, in-4, broch.

668. Théâtre de M. Arnault. *La Haye*, 1817, 4 vol. in-8, pap. de Holl. dem.-rel. tr. dor.

669. La Dame aux Camélias, par Alex. Dumas fils, préface de J. Janin, illustrée par Gavarni. *Paris, G. Havard*, 1858, gr. in-8, fig. br.

670. L'Hôtesse de Virgile, comédie par Ed. Fournier. *Paris, Dentu, Lyon, imp. de L. Perrin*, 1859, in-12, pap. teinté, broch.

671. Les Beautés de l'Opéra, ou chefs-d'œuvre lyriques illustrés par les premiers artistes de Paris et de Londres sous

la direction de Giraldon, avec un texte explicatif rédigé
par Th. Gautier, J. Janin et Ph. Chasles. *Paris, Soulié,*
1845, in-4, portr. dem.-rel. dos et coins de mar. v. tr.
dor.

672. Masques et Bouffons (comédie italienne), texte et dessins par Maurice Sand, gravures par A. Manceau, préface
par G. Sand. *Paris, A. Lévy,* 1862, 2 vol. gr. in-8, fig.
color. br.

673. Théâtre des boulevards, ou recueil de parades. *Mahon,*
de l'imprimerie de Gilles Langlois, à l'enseigne de l'É-
trille, 1756, 3 vol. in-12. fig. v. marbr.

674. Les Soirées de Neuilly, esquisses dramatiques et historiques, publiées par M. de Fougeray. *Paris, Moutardier,*
1827, 2 vol. in-8, portr. dem.-rel. v. r.

3. *Poëtes dramatiques allemands.*

675. Œuvres de Schiller, trad. nouvelle par Ad. Regnier.
Paris, L. Hachette, 1859-62, 8 vol. in-8, portr. dem.-rel.
dos et coins de mar. v. tête dor. n. rog.

676. Le Faust de Goëthe, trad. revue et complète, précédée
d'un essai sur Goëthe par M. Henri Blaze, illustré par
M. E. Johannot. *Paris, M. Lévy,* 1847, gr. in-8, fig. sur
chine, br.

IV. ROMANS.

1. *Romans grecs.*

677. Le Livre des légendes par Le Roux de Lincy. Introduction. *Paris, Silvestre,* 1836, in-8, br.

678. La Luciade, ou l'Ane de Lucius de Patras, avec le texte
grec. *Paris, imp. de A. Bobée,* 1818, in-12, fig. cart. n.
rog.

679. Longi Pastoralium, de Daphnide et Chloë, libri quatuor
græce et latine. *Lutetiæ Parisiorum,* 1754, pet. in-4, fig. du
Régent, v. marbr. fil. tr. dor.

680. Les Amours pastorales de Daphnis et de Chloé, par
Longus, tr. par Amyot. *Paris,* 1757, in-4, fig. du Régent,
v. mar. fil. tr. dor.
La figure aux petits pieds s'y trouve.

681. Les Amours pastorales de Daphnis et Chloé, escrites en grec par Longus, et translatées en françois par J. Amyot. *Londres*, 1779, pet. in-4, fig. dem.-rel. bas.

682. Les Amours pastorales de Daphnis et Chloé, escrites en grec par Longus, et translatées en françois par J. Amyot. *Paris, Debarle*, 1796, in-8, fig. du Régent, color. cart. n. rog.

683. Longus. — Daphnis et Chloé, trad. d'Amyot. *Paris, D. Jouaust*, 1872, vignettes, in-12, br.

684. Amours de Théagènes et de Chariclée, histoire éthiopique (traduite du grec d'Héliodore). *Paris, Coustelier*, 1743, 2 vol. pet. in-8, frontisp. gr. et figures, v. gran. fil.

685. Les Amours d'Abrocome et d'Anthia (par Xénophon le jeune, trad. du grec par Jourdan). *S. l. n. d.* — La Mandarinade, ou histoire comique du mandarinat, par M. l'abbé de Saint-Martin. *La Haye, P. Paupie*, 1738, in-12, fig. v. marbr.

2. *Romans français.*

A. Romans de divers genres.

686. Histoire et cronicque du petit Jehan de Saintré et de la jeune Dame des Belles Cousines, sans aultre nom nommer. *Paris, F. Didot*, 1830, in-8, fig. br.

687. Amadis des Gaules. *Amsterdam* (par Mlle de Lubert). *J.-Fr. Jolly*, 1750, 4 vol. in-12, fig. v. f. fil.

688. Le Thresor des douze livres d'Amadis de Gaule. *Paris, Est. Groulleau*, 1560, in-8, v. f. fil. (*Piqûres de vers.*)

689. Le Livre du très-chevalereux comte d'Artois et de sa femme, fille au comte de Boulogne. *Paris, Techener*, 1837, in-4, fig. color. dem.-rel. dos et coins de mar. viol. n. rog.

690. Histoire des nobles prouesses et vaillances de Gallien restauré, fils du noble Olivier le marquis, et de la belle Jacqueline fille du roi Hugon, empereur de Constantinople, *Troyes, Jacques Oudot, s. d.*, in-4, cart. n. rog.

691. Histoire de Foulques Fitz-Warin, publiée par Francisque Michel. *Paris, Silvestre*, 1840, pet. in-4, br.

692. OEuvres de Rabelais. *Paris, Th. Desoer*, 1820, 3 vol. in-18, fig. br.

693. OEuvres de F. Rabelais. *Paris, L. Janet*, 1823, 3 vol. in-8, br.

694. Œuvres de F. Rabelais. *Paris, L. Janet,* 1823, 3 vol.
in-8, dem.-rel. v. v.

695. Les Quatre Livres de maistre François Rabelais, publiés
par les soins de MM. A. de Montaiglon et Louis Lacour.
Paris, D. Jouaust, 1868-72, 3 vol. in-8, br.

696. Les Songes drolatiques de Pantagruel. *Genève, J. Gay
et fils,* 1868, in-8, br.

697. Supplément aux Œuvres de François Rabelais. Les
Songes drolatiques de Pantagruel, suite de 120 gravures
sur bois. *Paris, Tross,* 1869, in-8, br.

698. La Seconde Chronique de Gargantua et de Pantagruel,
précédée d'une notice par M. P. Lacroix. *Paris, lib. des
bibliophiles,* 1872, in-18, br.

699. Quatre Amants disgraciez, rapportez par énigmes à
quatre grands de l'Estat, et discourant de leurs faveurs ou
de leurs disgrâces, avec une proportion entière et mystique,
avec celle de ceux qui font le sujet de cette véritable fic-
tion. *S. l.,* 1650, in-4, de 22 pages, cart.

700. Le Roman comique mis en vers, par M. Le Tellier
d'Orvilliers. *Paris, M.-E. David,* 1733, 2 vol. in-12, v. f.
fil.

701. Tarsis et Zélie (par le sieur Le Revay, Le Vayer de Bou-
tigny); nouvelle édition revue (par l'abbé Souchay). *Paris,
Musier fils,* 1774, 6 vol. in-8, fig. de Cochin, d'Eisen et
de Moreau, v. marbr.

702. Les Aventures, ou Mémoires de la vie d'Henriette-
Sylvie de Molière. *Amsterdam, H. Desbordes,* 1734, in-12,
v. gr.

703. L'Héroïne Mousquetaire, histoire véritable (par de
Prechac). *Paris, Damonneville,* 1744, 4 part. en 1 vol.
in-12, fig. bas.

704. Inès de Cordoue, nouvelle espagnole. *Paris, Martin
Jouvenel,* 1696, in-12, v. gr.

705. Relation historique de l'amour de l'empereur de Maroc
pour madame la princesse douairière de Conty, écrite en
forme de lettres à une personne de qualité, par M. le
comte D***. *Cologne, Pierre Marteau (Hollande),* 1700,
pet. in-12, mar. v. fil. dos orné, tr. dor. (*Rel. anc.*)
Petit livre curieux et rare. Exemplaire de M. VEINANT. Raccommodage à
un feuillet.

706. Aventures de Télémaque, par Fénelon, avec des notes
géographiques et littéraires (par Boissonade). *Paris, Lefèvre,* 1824, 2 vol. in-8, portr. demi-rel. dos et coins de
mar. citr., tête dor. n. rog.

707. Les Aventures de Télémaque, suivies des Aventures d'Aristonoüs, précédées d'un essai sur la vie et les ouvrages de Fénelon, par M. J. Janin, illustrées par M. T. Johannot, E. Signol, etc. *Paris, Bourdin, s. d.*, gr. in-8, fig. sur chine, demi-rel. bas.

708. Mémoires de la vie du comte de Grammont, contenant particulièrement l'histoire de la Cour d'Angleterre sous Charles II (par Hamilton). *Cologne, P. Marteau,* 1713, in-12, v. gr.

709. Le Diable boiteux, par Le Sage. *Paris, D. Jouaust,* 1868, in-8, br.

710. Histoire de Gil Blas de Santillane, par Le Sage, vignettes par Jean Gigoux. *Paris, Paulin,* 1835, .gr. in-8, fig. cart. n. rog.

711. Le Temple de Gnide (par Montesquieu). *Paris, Simart,* 1725, in-12, v. marbr.
Édition originale.

712. Le Temple de Gnide (par Montesquieu). *Londres, s. d.*, in-8, fig. v. gr.

713. Le Temple de Gnide, mis en vers par M. Colardeau. *Paris, Le Jay, s. d.*, in-8, fig. de Monnet, v. marbr. fil.

714. Les Amazones révoltées, roman moderne, par Don Luis le Maingre de Bouciquault. *Rotterdam,* 1730, in-12, v. gr.

715. La Nouvelle Mer des histoires (par Charles Guillaume, libraire). *Paris, Ch. Guillaume,* 1733-35. 6 vol. in-12, fig. v. gr.

716. Histoire de Manon Lescaut et du chevalier des Grieux, par l'abbé Prévost, illustrée par Tony Johannot. *Paris, Ern. Bourdin, s. d.*, gr. in-8, fig. sur chine, cart. n. rog.

717. La Vie de Marianne, ou les Aventures de madame la comtesse de ***, par M. de Marivaux. *Amsterdam, D.-J. Changuion,* 1778, 2 vol. in-12, fig. v. marbr.

718. La Vie d'Olympe, ou les Aventures de madame la marquise de ***, histoire véritable. *Utrecht, Et. Neaulme,* 1741, 2 vol. in-12, v. f. (*Aux armes.*)

719. Mémoires secrets pour servir à l'histoire de Perse (par Pecquet). *Amsterdam,* 1745, pet. in-8, v. marbr.

720. Mémoires de Monsieur le marquis de St***, ou les Amours fugitives du cloître. *Amsterdam, aux dépens de la Compagnie,* 1747, 2 tom. en 1 vol. in-12, v. marbr.

721. Mémoires de Versorand (par La Solle). *Amsterdam, s. d.*, 6 part. en 2 vol. in-12, v. marbr. fil.

722. Ah ! quel Conte ! conte politique et astronomique (par Crébillon fils). *A Maestricht*, 1779, 2 vol. in-12, br.

723. Julie, ou la Nouvelle Héloïse, par J.-J. Rousseau, vignettes par MM. E. Johannot, E. Wattier, H. Baron, etc. *Paris, Barbier*, 1845, 2 vol. gr. in-8, fig. sur chine, br.

724. Les Amours de Mirtil. *Constantinople,* 1761, in-12, fig. de Gravelot, v. aut.

725. Imirce, ou la Fille de la nature (par l'abbé Du Laurens), *Londres*, 1776, in-12, br.

726. La Paysanne pervertie, ou les mœurs des grandes villes ; Mémoires de Jeannette R***, mis au jour par M. Nougaret. *Londres et Paris, J.-F. Bastien*, 1777, 4 part. en 2 vol. in-12, bas.

727. Le Nouvel Abeilard, ou Lettres de deux amans qui ne se sont jamais vus (par Rétif de la Bretonne). *Neuchâtel et Paris, Duchesne*, 1778, 4 vol. in-12, fig. v. marbr.

728. Les Bizarreries du destin, ou Mémoires de milady Kilmar, publiés par M. l'abbé Sabatier de Castres. *Paris, Moutard*, 1781, 2 vol. in-12, mar. r. fil. dos orné, tr. dor. (*Rel. anc.*)

729. Le Vicomte de Barjac, ou Mémoires pour servir à l'histoire de ce siècle. *Dublin, impr. de Wilson*, 1784, in-18, br.

730. Le Vice et la Faiblesse, ou Mémoires de deux provinciales, rédigés par l'auteur de la Quinzaine anglaise (le chevalier de Rutlidge. *Lausanne et Paris , Regnault*, 1785, 2 tom. en 1 vol. in-12, fig. v. marbr.

731. Les Égaremens d'un philosophe, ou la Vie du chevalier de Saint-Albin, par M. de Saint-Clair. *Genève et Paris, Regnault*, 1787, 2 tom. en 4 vol. in-12, fig. dem.-rel.

732. Joseph , par M. Bitaubé. *Paris, de l'impr. de Didot l'aîné*, 1786, 2 vol. in-18, pap. vél. figures de Marillier, mar. r. compart. dos orné, gardes de tabis, dent. tr. dor. (*Rel. anc. de Durand.*)

733. PAUL ET VIRGINIE, par Jacques-Henri Bernardin de Saint-Pierre. *Paris, de l'impr. de P. Didot l'aîné*, 1806, gr. in-4, pap. vél. portr. et fig. par Lafitte, Girodet, Gérard et Isabey, dem.-rel. mar. v. non rog.

On a joint à cet exemplaire une PAGE AUTOGRAPHE de l'auteur, portant au bas ces mots : « Fragment autographe du *Roman de l'Amazone*, par Bernardin de Saint-Pierre. » L. AIMÉ-MARTIN.

734. Paul et Virginie, par J.-H. Bernardin de Saint-Pierre. *Paris, L. Curmer*, 1838 ; — La Chaumière indienne, par le

même. *Paris, L. Curmer*, 1838, gr. in-8, fig. sur chine, dem.-rel. mar. v.

735. Atala, René, par Chateaubriand. *Paris, Le Normant*,1805, in-12, fig. v. rac. dent. tr. dor.

Première édition.

736. Mentor à Tyrinthe, narration instructive, critique et morale sur les événemens, l'existence naturelle, l'esprit et la politique des Tyrinthiens, par l'Effendi Coché-Cekuk (par P. Panckoucke). *Smyrne (Versailles), John Strafford,* 1802, 2 vol. in-8, br.

Ouvrage supprimé.

737. Œuvres complètes de M. le comte Xavier de Maistre; nouvelle édition. *Paris, Dondey-Dupré*, 1828, 2 vol. in-8, fig. br.

738. Le Couvent de Baïano, chroniques du xvi° siècle, extraites des archives de Naples et traduites par M. J... C... O. (Navaro). *Paris, H. Fournier*, 1829, in-8, br.

739. Histoire du roi de Bohême et de ses sept châteaux (par Ch. Nodier). *Paris, Delangle*, 1830, in-8, fig. dem.-rel. dos et coins de mar. r. tête dor. n. rog.

Lavé et encollé.

740. Notre-Dame de Paris, par V. Hugo. *Paris, Perrotin*, 1844, gr. in-8, fig. cart. n. rog.

741. Le Siége d'Orléans en 1429, par madame la princesse de Craon. *Paris, Dumont*, 1843, 4 vol. in-8, pap. de Holl. br.

742. Les Francs-Taupins, histoire du temps de Charles VII, 1440, par Paul L. Jacob, bibliophile (Paul Lacroix). *Paris, Eugène Renduel*, 1834, 3 vol. in-8, dem.-rel. dos et coins de mar. r. dos orné, tête dor. n. r. (*Amand*.)

Édition originale.

743. Les Mystères de la vie du monde, ou les Mœurs d'aujourd'hui, scènes épisodiques et anecdotiques. *Paris, B. Renault*, 1844, in-8, fig. dem.-rel. bas.

744. Picciola, par X. B. Saintine. *Paris, Hetzel, s. d.*, in-8, eaux-fortes par Flameng, br.

745. Marie-Madeleine. — Une Vie heureuse. — Résignation (par Mme d'Arbouville). *Paris, Impr. royale*, 1843, in-8, br.

Cet ouvrage n'a pas été mis dans le commerce.

B. Contes et nouvelles.

746. Les Cent Nouvelles nouvelles, dites les cent nouvelles du
roi Louis XI; nouvelle édition, revue par P. L. Jacob. *Paris,
A. Delahays,* 1858, in-18, br.
Exemplaire sur papier vélin.

747. L'Heptaméron des Nouvelles de Marguerite de Valois,
royne de Navarre. *Paris, Jouaust,* 1870, 8 vol. in-12, eaux-
fortes de Flameng, br.

748. Les Contes des Fées, en prose et en vers, par Ch. Per-
rault; deuxième édition, revue et corrigée par Ch. Giraud.
Lyon, L. Perrin, in-8, fig. br.
Double.

749. Lettres sur les Contes de fées attribués à Perrault, et
sur l'origine de la féerie (par Walkenaer). *Paris, Baudouin
frères,* 1826, in-12, br.

750. Nouveaux Contes à rire, ou Récréations françoises,
augmentées des Contes d'Ouville. *Amsterdam, H. Desbordes,* 1763, 3 tom. en 1 vol. in-12, bas.

751. Le Puits de la vérité (par Dufresny.) *Paris, Cl. Barbin,*
1699, in-12, v. marbr.'

752. L'Amour magot, histoire merveilleuse. Les Tisons et
lettres escrittes des campagnes infernales. *Londres, aux
dépens de la Compagnie,* 1738, pet, in-8, vél.

753. Historiettes baguenaudières, par un Normand (le marquis Ph. de Chennevière.) *Chez les libraires de Normandie,*
1845, in-8, br.
Tiré à petit nombre.

754. La Légende de Croquemitaine, recueillie par Ernest l'É-
pine, et illustrée de 177 vignettes sur bois, par Gustave
Doré. *Paris, L. Hachette,* 1863, in-4. br.

755. Nouvelles genevoises, par R. Topffer. *Paris, Garnier,*
s. d., gr. in-8, fig. br.

3. Romans italiens, anglais, allemands, etc.

756. Le Philocope de messire Jean Boccace, Florentin, contenant l'histoire de Fleury et Blanchefleur. *Paris, Ch. l'Angelier,* 1555, pet. in-8, v. f. (*Raccommodage au titre.*)

757. Songe de Poliphile, traduction libre de l'italien. *Paris,
impr. de P. Didot l'aîné,* 1804, 2 vol. in-18. pap. vél. cart.
n. rog.

758. El Ingenioso Hidalgo Don Quixote de la Mancha, compuesto por Miguel de Cervantès Saavedra. *Madrid*, 1797, 6 vol. pet. in-12, pap. fort, vél.

759. Le Don Quichotte, traduit de l'espagnol par H. Bouchon Dubournial. *Paris, Méquignon-Marvis*, 1822, 4 vol. in-8, v. v. tr. dr.

760. L'Ingénieux Hidalgo Don Quichotte de la Manche, par Miguel de Cervantès Saavedra, traduit et annoté par L. Viardot. *Paris, J.-J. Dubochet*, 1836, 2 vol. gr. in-8, fig. cart. n. rog.

761. Galatée, pastorale imitée de Cervantes, par Florian. *Paris, de l'impr. de Monsieur*, 1788, in-18, pap. vél. portr. de Cervantes, mar. bl. fil. dos orné, tr. dor. (*Rel. anc.*)

762. L'Atlantis de madame Mauley, contenant les intrigues politiques et amoureuses de la noblesse d'Angleterre, et où l'on découvre le secret de la dernière révolution. *Londres, J. Morphew*, 1714, 3 vol. pet. in-8, fig. vél.

763. La Vie et les Avantures surprenantes de Robinson Crusoé (par D. de Foé), traduit de l'anglois. *Amsterdam, l'Honoré et Châtelain*, 1720, 3 vol. in-12, fig. demi-rel. dos et coins de mar. br.

764. Aventures de Robinson Crusoé, par Daniel de Foé, traduction nouvelle, illustrée par Grandville. *Paris, H. Fournier*, 1840, gr. in-8, fig. cart. n. rog.

765. Voyages de Gulliver (par M. Swift). *Paris, Leclerc*, 1860, 4 vol. in-18, fig. sur chine de Lefebvre, br.

766. Le Nouveau Gulliver, ou Voyage de Jean Gulliver, traduit d'un manuscrit anglois par M. L. D. F. (composé par l'abbé Desfontaines). *Paris, Clouzier*, 1730, 2 vol. in-12, v. gr.

767. Le Vicaire de Wakefield, par Goldsmith, trad. nouvelle avec notes, par Ch. Nodier. *Paris, V. Lecou, s. d.*, gr. in-8, fig. de T. Johannot, demi-rel. mar. r. tr. dor.

768. Mémoires de Melvil, traduits de l'anglois, avec des additions considérables (par l'abbé de Marsy.) *Edimbourg, Barrows et Young (Barrois et Nyon)*, 1745, 1 vol. in-12, v. f. fil.

769. Œuvres de Walter Scott, traduction de Defauconpret. *Paris, Furne-Pagnerre-Perrotin*, 1853-56, 25 vol. in-8, fig. demi-rel. mar. v.

770. Œuvres complètes de sir Walter Scott. *Paris, impr. de H. Fournier, s. d.*

771. Les Souffrances du jeune Werther, par Goethe, trad. nouvelle (par le comte de la Bédoyère). *Paris, impr. de P. Didot,* 1809, in-8, fig. avant la lettre de Moreau, cart.

772. Les Souffrances du jeune Werther, par Goethe, trad. nouvelle (par la Bédoyère.) *Paris, impr. de P. Didot l'aîné,* 1809, in-8, fig. de Moreau, demi-rel. mar. bl. tête dor. n. rog.

773. Les Souffrances du jeune Werther, par Goethe, traduites par le comte H. de la Bédoyère. *Paris, Crapelet,* 1845, in-8, pap. de Holl. fig. de T. Johannot, br.

774. Aventures du baron de Münchhausen, traduction nouvelle, par Théophile Gautier fils, illustrées par Gustave Doré. *Paris, Ch. Furne, s. d.,* in-4, nombr. fig. demi-rel. chagr. r. non rog.

775. Musæus. Contes populaires de l'Allemagne, traduits par A. Cerfberr de Mendelsheim. *Paris, G. Havard,* 1846, 2 vol. pet. in-8, fig. cart. tr. dor.

776. Les Mille et une Nuits, contes arabes, traduits par Galland. *Paris, E. Bourdin, s. d.,* 3 vol. gr. in-8, fig. br.

777. Les Mille et un Jours, contes persans, turcs et chinois, traduits par Petis de la Croix, Carbonne, Caylus, etc. *Paris, Pourrat, s. d.,* gr. in-8, fig. br.

V. FACÉTIES.

778. Bibliothèque facétieuse, historique et singulière, ou réimpression de pièces curieuses, rares ou peu connues des XVᵉ, XVIᵉ et XVIIᵉ siècles. *Paris, Claudin,* 1858, in-18, br. *ex. grand pap. de Holl.*

779. Recueil des Chevauchées de l'asne faites à Lyon en 1566 et 1578, augmenté d'une complainte inédite du temps sur les maris battus par leurs femmes. *Lyon, N. Scheuring,* 1862, pet. in-8, br.

780. Les Œuvres de Tabarin, nouvelle édition avec des notes, par Georges d'Harmonville (P. Lacroix). *Paris, A. Delahays,* 1858, in-18, fig. br.

Exemplaire sur papier vélin.

781. Les Jeux de l'inconnu, par M. De Vaux (Montluc, comte de Cramail). *Rouen, J. Caillové,* 1645, pet. in-8, vél. (*Piqûres de vers.*)

782. Roger Bon-Temps en belle humeur, par M. de Roquelaure. *Amsterdam, aux dépens de la Compagnie,* 1789, 2 part. en un vol. in-12. br.

783. Aventures burlesques de d'Assoucy, nouvelle édition avec des notes, par Emile Colombey. *Paris, A. Delahays,* 1858, in-18, portr. br.

Exemplaire sur papier vélin.

784. Réflexions sur les grands hommes qui sont morts en plaisantant, par M. Deslandes. *Amsterdam,* 1776, in-12, br.

785. Les Manteaux, recueil (par le comte de Caylus). *La Haye,* 1746, in-8, fig. br.

786. L'Hôpital des Fous, traduit de l'anglois (de G. Walsh, par de la Flotte). *Paris, Sébast. Jorry,* 1765, in-8, v. mar.

787. Mémoires de l'Académie des sciences, inscriptions, belles-lettres, beaux-arts, etc., ci-devant établie à Troyes en Champagne (par Lefèvre et Grosley). *S. l.,* 1768, in-12, br.

788. Correspondance philosophique de Caillot-Duval (par Fortia de Piles et le chevalier de Boisgelin de Kerdu). *Nancy et Paris,* 1795, in-8, demi-rel.

789. L'Art de péter, essai théori-physique et méthodique. *En Westphalie,* 1776, in-12, br.

790. Les Ruses des filous et escrocs dévoilées, pour faire suite aux mémoires de Vidocq. *Paris, s. d.,* fig. 2 vol. in-12, cart.

791. Voyage où il vous plaira, par T. Johannot, Alf. de Musset et P.-J. Stahl. *Paris, J. Hetzel,* 1843, gr. in-8, demi-rel. dos et coins de mar. v. tête dor. n. rog.

792. Voyage où il vous plaira, par T. Johannot, Alf. de Musset et P.-J. Stahl. *Paris, J. Hetzel,* 1843, gr. in-8, fig. br.

793. Un Autre Monde, par Grandville. *Paris, H. Fournier,* 1844, in-4, fig. color. cart. n. rog.

794. Scènes de la vie privée et publique des animaux, vignettes par Grandville. *Paris, J. Hetzel,* 1842, 2 vol. gr. in-8, fig. br.

795. La Revue comique à l'usage des gens sérieux, par MM. A. Lireux, C. Caraguel, E. de la Bédollière, etc., etc. Dessins par MM. Bertall, Nadaud, Otto-Béguin, etc. *Paris, Dumineray,* 1848-1849 gr. in-8, br.

796. Éloge de la Folie, d'Érasme, traduit par V. Develay, et accompagné des dessins de Hans Holbein. *Paris, Jouaust,* 1872, in-8, fig. br.

797. Éloge de l'Enfer, ouvrage critique, historique et moral (par Bénard). *La Haye, P. Gosse,* 1759, 2 vol. in-12, fig. demi-rel. dos et coins de vél. n. rog.

A.　　　　　　　　　　　　5

798. Les Problèmes de Jérôme Garimbert, traduitz de tuscan en françois par Jean Louveau d'Orléans. *Lyon, Guill. Rouille,* 1550, pet. in-8, vél. (*Court et mouillé.*)

799. Le Renard, ou le Procès des bêtes, avec des réflexions morales, très-utiles à un chacun. *Amsterdam, P. Brunel,* 1743, pet. in-8, fig. cart. n. rog.

800. Histoire des rats, pour servir à l'Histoire universelle (par le chev. de Sigrais). *A Ratopolis,* 1737, in-8, fig. demi-rel. v. f.

801. Aresta amorum, cum erudita Benedicti Curtii Symphoriani explanatione. *Lugd., apud Seb. Gryphium,* 1538, in-4, vélin.

802. Journée de l'Amour, ou Heures de Cythère (par la comtesse de Turpin, Guillard, Favart et l'abbé de Voisenon). *Gnide,* 1776, in-8, fig. v. f. fil.

803. De la Grandeur et de l'excellence des femmes au-dessus des hommes, ouvrage composé en latin par H.-C. Agrippa. *Paris, Fr. Babuty,* 1713, pet. in-12, v. gr.

804. Les Quinze Joyes de mariage, auquel on a joint le Blason des fausses amours, le Loyer des folles amours et le Triomphe des Muses contre Amour, le tout enrichi de remarques et de diverses leçons (par Fr. de Rosset). *La Haye, A. de Rogissart,* 1734, in-12, bas.

805. La Seizième Joye de mariage, publiée pour la première fois avec préface et glossaire. *Paris, Académie des bibliophiles, impr. de Jouaust,* 1866, in-16, pap. vergé, br.

806. Coup d'œil anglois sur les cérémonies du mariage, avec des notes et des observations (par M. Hurtaut). *Genève,* 1750, in-12, v. g.

VI. PHILOLOGIE.

Critiques, satires, proverbes, emblèmes, etc.

807. Auli Gellii Noctium atticarum libri XX, sicut supersunt; editio Gronoviana, *Lipsiæ,* 1762, in-8, portr. v. marbr.

808. Mémoires politiques, amusans et satiriques de messire J. N. D. B. C. de L. (de Brazey). *A Véritopolis, chez Jean Disant-vrai,* 1735, 3 vol. pet. in-8, fig. v. marbr.

809. Commentaires sur les meilleurs ouvrages de la langue françoise, par le chevalier Croft. *Paris, impr. de P. Didot l'aîné,* 1815, in-8, cart. n. rog.

810. Discours sur les publications littéraires du moyen âge, suivi d'un errata, par l'abbé J.-H.-R. Prompsault. *Paris, Ebrard,* 1835, gr. in-8, cart.

811. Chateaubriand et son groupe littéraire sous l'empire, par C.-A. Sainte-Beuve. *Paris, Garnier,* 1861, 2 vol. in-8, broch.

812. Études d'histoire et d'éloquence au xixᵉ siècle : lord Macaulay, ses essais, ses discours et son Histoire d'Angleterre, par M. X. Lançon. *Lyon, N. Scheuring,* 1861, in-8, portr. demi-rel. dos et coins de mar. v. tête dor. n. rog.

813. Recherches sur les jeux d'esprit, les singularités et les bizarreries littéraires, par A. Canel. *Evreux, P. Huet,* 1867, 2 vol. in-8, br.

814. Cymbalum Mundi, ou Dialogues satyriques sur différents sujets, par Bonaventure Des Périers. *Amsterdam, Pr. Marchand,* 1732, pet. in-12, bas.

815. Le Cymbalum Mundi, précédé des Nouvelles Récréations et Joyeux Devis, de Bonaventure Des Périers ; nouvelle édition, revue par P. L. Jacob. *Paris, A. Delahays,* 1858, in-18, br.

Exemplaire sur papier vélin.

816. Chef-d'œuvre d'un inconnu, nouvellement découvert et mis au jour, avec des remarques critiques, historiques, etc., par M. le Dᵣ Chrysostome Mathanasius. *Turin, Aléthophile,* 1737, in-12, v. f.

817. L'Ane promeneur, ou Critès promené par son âne (Gorsas). *Pampelune,* 1786, in-8, cart.

818. Les Guêpes, par Alphonse Karr. *Paris,* 1839-47, 31 vol. — Nouvelles Guêpes. *Paris, Blanchard,* 1853-54, 3 vol., ensemble 34 vol. in-18 demi-rel. dos et coins de mar. r. tête dor. n. rog.

819. Fabrique de romans, Maison Alexandre Dumas et compagnie, par Eugène de Mirecourt. *Paris,* 1845, in-8, cart. n. rog.

820. Le Conte du Tonneau, par le Dᵣ Swift. *La Haye, Henri Scheurleer,* 1757, 3 vol. in-12, fig. v. marbr.

821. Paroles mémorables, recueillies par Gab. Brotier. *Paris, impr. de Ph.-D. Pierres,* 1790, pet. in-8, cart. non rogné.

822. Le Livre des Proverbes français, précédé de recherches historiques, par M. Le Roux de Lincy. *Paris, A. Delahays,* 1859, 2 vol. in-18, br.

Exemplaire sur papier de Hollande.

823. Cent Proverbes, par Grandville. *Paris, H. Fournier,* 1845, in-8, fig. demi-rel. mar. br.

824. Maintenoniana, ou Choix d'anecdotes, etc., tirées des lettres de Mme de Maintenon, avec des notes par M. B. *** de B. *** (Bosselman de Bellemont, de Lille). *Amsterdam,* 1773, in-8, v. marbr.

825. Gasconiana, ou Recueil des bons mots, des pensées les plus plaisantes et des rencontres les plus vives des Gascons. *Suivant la copie de Paris, Amsterdam, Fr. l'Honoré,* 1708, pet. in-12, vél.

826. Emblematum Ethico-politicorum centuria Julii Guilielmi Zincgrefii cælo Math. Meriani. *Prostat apud Johann. Theodor. de Bry,* in-4, fig. v. gr.

827. Discours, ou Traicté des devises, où est mise la raison et différence des emblemes, énigmes, sentences et autres, par Adrien d'Amboise. *Paris, Rolet Boutonné,* 1620, pet. in-8, br.

828. La Science et l'art des devises, dressez sur de nouvelles règles, par le P. Menestrier. *Paris, Robert-J.-B. de la Caille,* 1686, in-8, v. gr.

829. Devises et Emblèmes d'amour, anciennes et modernes, moralisées en vers françois et expliquées en sept langues, par M. Parravicini. *Amsterdam, Daniel de la Feuille, s. d.,* in-4, fig. sur bois, cart.

830. Empresas morales, de Don Juan de Borja. *En Brusselas, Fr. Foppens,* 1680, pet. in-4, fig. vél.

VII. ÉPISTOLAIRES. — DIALOGUES.

831. Lettres grecques, par le rhéteur Alciphron, ou Anecdotes sur les mœurs et les usages de la Grèce (trad. par l'abbé Richard). *Amsterdam et Paris, Nyon,* 1785, 3 vol. in-12, v. marbr.

832. Lettres d'Abailard et d'Héloïse, trad. par E. Oddoul, précédées d'un Essai historique par M. et Mme Guizot, éd. illustrée par J. Gigoux. *Paris, E. Houdaille,* 1839, gr. in-8, demi-rel. dos et coins de mar. bl. tr. dor.

833. Lettres inédites de Michel de Montaigne et de quelques autres personnages, pour servir à l'histoire du xvie siècle, publiées par Fr. Feuillet de Conches. *Paris, H. Plon,* 1863, in-8, br.

834. Une Lettre inédite de Montaigne, accompagnée d'un aver-
tissement, par A. Jubinal. *Paris, Didron,* 1850, in-8, fac-
simile.

835. Lettres de Malherbe. *Paris, J.-J. Blaise,* 1822, in-8,
fig. br.

836. Lettres choisies de madame de Sévigné, extraites de
l'édition des Grands Écrivains de la France, et publiées
sous la direction de M. A. Régnier. *Paris, L. Hachette,*
1870, gr. in-8, portr. et fig. br.

837. Lettres de madame de Maintenon. *Nancy, Deilleau,*
1753, 2 tom. en 1 vol. in-12, v. marbr.

838. Quatre Lettres inédites de madame de Maintenon, précédées et accompagnées d'un précis historique, par
V. Fouque. *Paris, É. Dentu,* 1864, in-8, br.

839. Lettres et poésies inédites de Voltaire, adressées à la
reine de Prusse, publiées par M. V. Advielle. *Paris, libr.
des bibliophiles,* 1872, in-18, br.

840. Lettres écrites en 1786 et 1787 (à M. de la Gervaisais,
par la princesse Louise-Adélaïde de Bourbon-Condé, depuis
supérieure de l'Institution de l'adoration perpétuelle, au
Temple), publiées par M. Ballanche. *Paris, impr. de J. Didot,* 1834, in-12, br.

841. Dix Lettres d'Ali-Bey à son fils Youssef, suivies des notes
de ce dernier, publiées par F. D. *Lyon, impr. de L. Perrin,*
1853, in-8, br.

842. Hexaméron rustique, ou les Six Journées passées à la
campagne entre des personnes studieuses (par La Mothe le
Vayer). *Cologne, P. Brenussen,* 1671, pet. in-12, vél.

843. Dialogues des Morts anciens et modernes, avec quelques
fables, composez par messire F. de Salignac de la Motte-
Fénelon. *Paris, Delaulne,* 1718, 2 vol. in-12, v. gr.

VIII. POLYGRAPHES. — COLLECTIONS.

844. Œuvres complètes de Cicéron. *Paris, Panckoucke,*
1835-37, 36 vol. in-8, cart.

De la Bibliothèque latine-française.

845. Œuvres complètes du roi René. *Paris,* 1845, 4 vol.
in-4, fig. br.

846. Œuvres de M. de Cyrano-Bergerac. *Paris, Ch. de Sercy,*
1676, 2 vol. in-12, v. marbr.

847. Œuvres de M. l'abbé de Saint-Réal, nouvelle édition. *Amsterdam, Fr. l'Honoré*, 1740, 6 vol. in-12, fig. v. f. fil.

848. Œuvres complettes (*sic*) de Montesquieu, précédées de la vie de cet auteur (par L.-S. Auger). *De l'impr. de Crapelet, Paris, Lefèvre*, 1816, 6 vol. gr. in-8, portrait gr. par de Villiers, mar. violet, fil. dos orné, tr. dor. (*Simier.*)

Édition estimée. Bel exemplaire, l'un des VINGT tirés sur grand papier raisin vélin fort.

849. Œuvres de Voltaire, avec préfaces, avertissements, notes, etc., par M. Beuchot. *Paris, Lefèvre*, 1829-34, 70 vol. in-8, br.

850. Œuvres complètes de Chateaubriand. *Paris, A. Tétot*, 1860, 16 tom. en 8 vol. gr. in-8, portr. et fig. demi-rel. mar. r. pl. toile.

851. Œuvres complètes de Chateaubriand. *Paris, Garnier*, 1859-60, 12 vol. in-8, fig. br.

852. Maurice de Guérin. Reliquiæ, publié par G.-S. Trébutien, avec une étude biographique et littéraire par M. Sainte-Beuve. *Paris, Didier*, 1861, 2 vol. in-16, br.

853. Œuvres choisies de Vico (traduites par Michelet). *Paris, L. Hachette*, 1835, 2 vol. in-8, fig. dem.-rel. v. v.

854. Bibliothèque de poche, par une société de gens de lettres et d'érudits. *Paris, Paulin*, 1845, 10 vol. in-18, br.

855. Bibliothèque gauloise. *Paris, A. Delahays*, 1858, 9 vol. in-18, cart. n. rog.

Œuvres de Tabarin. — Livre des Proverbes français, 2 vol. — Aventures de d'Assoucy. — Œuvres de Cyrano de Bergerac, 2 vol. — Contes et nouvelles de La Fontaine, etc., etc.

856. Publications faites par J. Gay. 1862-66, 20 vol. in-18, broch.

857. Leçons et modèles de littérature française, ancienne et moderne, par P.-F. Tissot. *Paris, E. Lebigre-Duquesne*, 1854, 2 vol. grand in-8, br.

HISTOIRE.

I. INTRODUCTION. — GÉOGRAPHIE. — VOYAGES.

858. Traité des différentes sortes de preuves qui servent à
établir la vérité de l'histoire, par le R. P. H. Griffet. *Rouen,
veuve Besongne*, 1775, in-12, br.

859. Philosophie absolue de l'histoire, ou Genèse de l'huma-
nité, par M. Hoëné Wronski. *Paris, Amyot*, 1852, 2 vol.
in-8, br.

860. Géographie universelle de Malte-Brun, revue par Th. Lavallée. *Paris, Furne*, 1855-62, 6 vol. gr. in-8, fig. et atlas,
in-4, dem.-rel. dos et coins de mar. br. tête dor. n. rog.

861. Description du Danube depuis la montagne de Kalen-
berg en Autriche, jusqu'au confluent de la rivière Jantra
dans la Bulgarie, contenant des observations géographiques,
astronomiques, historiques et physiques, par M. le comte
Louis-Ferd. de Marsigli. *La Haye, J. Swart*, 1744, 6 vol.
in-fol. fig. et cartes, dem.-rel. dos et coins de mar. r.

862. Histoire générale des voyages, par Dumont d'Urville.
Paris, Furne, 1857-59, 4 vol. gr. in-8, fig. br.

863. Voyage autour du monde, sur la corvette la *Coquille*,
pendant les années 1822, 1823, 1824 et 1826, par L.-J. Du-
perrey. — Histoire naturelle, zoologie (atlas). *Paris, Arthus Bertrand*, 1826, in-fol. dem.-rel.

864. Voyage autour du monde de la corvette la *Favorite*,
exécuté pendant les années 1830, 1831, 1832, sous le com-
mandement de M. Laplace. Album historique. *Paris, Arthus Bertrand*, 1835, in-fol. dem.-rel.

865. Sylvie, fragments du journal d'un voyageur, 1847-1849.
Paris, Ch. Meyrueis, 1870, in-8, pap. fort, mar. v. fil. tr.
dor.

866. Souvenirs de France et d'Italie dans les années 1830 et
1832, par le comte Joseph d'Estourmel. *Paris, imp. de Crapelet*, 1848, gr. in-8, dem.-rel. dos et coins de mar. r. tête
dor. n. rog.

867. Nouveau Voyage pittoresque de la France. *Paris, Os-
tervald*, 1817, 3 vol. in-8, fig. et cartes, dem.-rel. bas.

868. Voyage dans le Finistère, par Cambry, revu et augmenté par Émile Souvestre. *Brest, Come*, 1835, gr. in-8, fig. dem.-rel. dos et coins de v. f.

869. Voyage pittoresque dans les Pyrénées françaises et dans les départements adjacents, ou Collection de 72 gravures représentant les sites, les monuments et les établissements les plus remarquables.... d'après les dessins de M. Melling ; avec un texte rédigé sur les lieux mêmes.... par J.-A. Cervini, de Macerata. *Paris, chez l'auteur, et chez Treuttel et Wurtz*, 1826-1830, gr. in-fol. obl. dem.-rel. dos et coins de mar. br. fil.

870. Voyages aux Pyrénées par H. Taine, illustrés par G. Doré. *Paris, L. Hachette*, 1860, in-8, fig. br.

871. Voyage en Lorraine de Sa Majesté l'Impératrice et de S. A. I. le Prince impérial, précédé du voyage de S. M. l'Impératrice à Amiens. Texte par Félix Ribeyre, figures de H. Montant de Philippoteaux, d'Hubert Clerget, de Gustave Janet et eau-forte de Jacquemart d'après Meissonier. *Paris, Henri Plon* (1868), in-fol. obl. cart. en toile orn. tr. dor.

872. Nouveau Voyage d'Italie, par Maximilien Misson. *La Haye, H. van Bulderen*, 1694, in-12, fig. mar. r. fil. tr. dor. (*Rel. anc.*)

873. Voyage pittoresque en Italie, partie méridionale, et en Sicile, par M. Paul de Musset, illustrations de MM. Rouargue frères. *Paris, Morizot, s. d.*, gr. in-8, fig. br.

874. Voyage en Suisse, par Xavier Marmier, illustrations de MM. Rouargue frères. *Paris, Morizot, s. d.*, gr. in-8, fig. color. br.

875. Lettres sur l'Italie. Souvenirs du VIII décembre 1854 à Rome, par Noel Le Mire. *Lyon, imp. de L. Perrin*, 1855, in-8, portr. br.

876. Voyage pittoresque en Hollande et en Belgique, par M. Ed. Texier, illustrations de MM. Rouargue frères. *Paris, Morizot, s. d.*, gr. in-8, fig. br.

877. Voyage pittoresque en Allemagne, partie méridionale, par X. Marmier, illustrations de MM. Rouargue frères. *Paris, Morizot, s. d.*, gr. in-8, fig. br.

878. Voyage dans quelques parties de la Basse-Saxe pour la recherche des antiquités slaves ou vendes, fait en 1794, par le comte Jean Potocki. *Hambourg*, 1795, in-4, fig. cart.

879. Voyage dans les mers du Nord à bord de la corvette la *Reine Hortense*, par M. Charles Edmond. *Paris, M. Lévy*, 1857, gr. in-8, fig. dem.-rel. mar. bl. pl. toile, tr. dor.

880. Voyage pittoresque et archéologique en Russie, exécuté en 1839, sous la direction de M. Anatole de Demidoff, dessins faits d'après nature et lithographiés par André Durand. (Recueil de 50 planches au lieu de 74.) *Paris, Gihaut frères*, 1840, gr. in-fol. (*En feuilles.*)

881. Voyage pittoresque en Grèce et dans le Levant, fait en 1843-1844, par E. Rey, peintre, A. Chenavard et Dalgabio, architectes. — Journal de voyage, dessins et planches lithographiées par Étienne Rey. *Lyon, L. Perrin*, 1867, 2 tom. en 1 vol. in-fol. br.

882. Relation d'un voyage fait au Levant, par M. de Thévenot. *Rouen et Paris, L. Billaine*, 1665, 3 vol. in-4, portr. v. f. dent.

883. Voyage du sieur Paul Lucas fait en 1714, etc., dans la Turquie, l'Asie, Syrie, Palestine, etc. *Amsterdam, Steenhouwer et Uytwerf*, 1720, 2 vol. in-12, fig. dem.-rel. n. rog.

884. Itinéraire de la terre sainte des XIIIe, XIVe, XVe, XVIe et XVIIe siècles, trad. de l'hébreu par E. Carmoly. *Bruxelles*, 1847, in-8, br.

885. Le Voyage de la terre sainte, contenant une véritable description des lieux plus considérables que N.-S. a sanctifiés de sa présence, prédications, miracles et souffrances, par M. J.-D-.P. (Jean Doubdan). *Paris, Gervais Clousier*, 1657, in-4, fig. v. gr.

886. Voyages du chevalier Chardin en Perse et autres lieux de l'Orient. *Amsterdam, aux dépens de la compagnie*, 1735, 4 vol. in-4, fig. v. g. dent.

887. Voyage dans la péninsule arabique du Sinaï et l'Égypte moyenne, par M. Lottin de Laval. *Paris, Gide*, 1855-1859, in-4 et atlas in-fol. en ff.

888. Voyage dans la péninsule arabique du Sinaï et l'Égypte moderne, par M. Lottin de Laval. *Paris, Gide et compagnie*, 1855-1859, in-4, et atlas in-fol. dem.-rel. mar. v.

889. Journal of the discovery of the source of the Nile by John Hanning Speke. *London, W. Blackwood*, 1863, in-8, fig. cart. n. rog.

890. Voyage dans l'Afrique australe, par M. A. Delecorgue. *Paris*, 1847, 2 vol. in-8, fig. br.

891. Voyage du chevalier Des Marchais en Guinée, isles voisines et à Cayenne, fait en 1725, 1726 et 1727, par le R. P. Labat. *Amsterdam, aux dépens de la compagnie*, 1731, 4 vol. in-12, fig. dem.-rel. n. rog.

892. Nouveaux Voyages de M. le baron de Lahontau dans l'Amérique septentrionale. *La Haye, Lhonoré frères,* 1704, 2 vol. in-12, fig. v. gr.

893. Nouveaux Voyages de M. le baron de Lahontau dans l'Amérique septentrionale. *La Haye, Lhonoré frères,* 1704, 2 tom. en 1 vol. in-12, v. gr.

894. Le Grand Voyage du pays des Hurons, situé en l'Amérique vers la mer douce ès derniers confins de la Nouvelle-France dite Canada, par F.-G. Sagard Théodat. *Paris, Tross,* 1865, 2 vol. in-12, br.

895. Nouveau Voyage d'un pays plus grand que l'Europe, par le R. P. Louis de Hennepin. *Utrecht, Ant. Schouten,* 1698, pet. in-12, cart. dem.-rel. mar. r.

896. Nouveau Voyage aux isles de l'Amérique, par le R. P. Labat. *Paris, Th. Le Gras,* 1742, 8 vol. in-12, fig. et cartes, v. gr.

II. HISTOIRE UNIVERSELLE.

897. Fasciculus temporum omnes antiquorum hystorias complectens (Auct. Wernero Rolewinck, Carthusiensi). *S. l. n. d.,* in-4 de 6 ff. prélim. et 74 ff. chiffrés, sign. A.-M., v. br.

Chronique rare. Exemplaire mouillé, avec quelques piqûres de vers.

898. Histoire universelle sacrée et profane, composée par ordre de Mesdames de France (par Hardion). *Paris, Guill. Desprez,* 1754-1765, 18 vol. in-12, mar. r. fil. dos orn. tr. dor. (*Rel. anc.*)

899. Les Traits de l'histoire universelle, sacrée et profane, d'après les plus grands peintres et les meilleurs écrivains. *Paris, Le Bas,* 1771, 2 vol. in-12, fig. v. marbr.

900. L'Art de vérifier les dates des faits historiques, des chartres, des chroniques et autres anciens monuments (par D. Maur-François d'Antine, D. Ursin Durand et D. Charles Clémencet), nouvelle édition, revue et augmentée (par D. Fr. Clément). *Paris, G. Desprez,* 1770, in-fol. v. marbr.

901. Essai historique et philosophique sur les noms d'hommes, de peuples et de lieux, par Eus. Salverte. *Paris, Bossange,* 1824, 4 vol. in-8, br.

III. HISTOIRE DES RELIGIONS.

1. *Religions païennes.*

902. La Science des religions, par E. Burnouf. *Paris, Maisonneuve,* 1872, in-8, cart. n. rog.

903. Nouvelle Galerie mythologique, comprenant la Galerie mythologique de feu A.-L. Millin, par J.-D. Guigniaut. *Paris, F. Didot,* 1850, 2 vol. in-8, br.

904. Histoire abrégée des différents cultes, par J.-A. Dulaure. *Paris, Guillaume,* 1825, 2 vol. in-8, dem.-rel. mar. v. n, rog.

905. Mémoire sur la déesse Vénus, par M. Larcher. *Paris, Valade,* 1776, in-12, v. mar.

906. Dissertation sur les attributs de Vénus, par M. l'abbé de Lachau. *Paris, imp. de Prault,* 1776, in-4, fig. br.

907. De la Religion du Nord de la France avant le christianisme, par Louis de Braecker. *Lille, Ern. Vanackere,* 1854, in-8, cart.

908. Cours philosophique et interprétatif des initiations anciennes et modernes, par J.-M. Ragon. *Paris, Berlandier,* 1841, in-8, br.

2. *Religion chrétienne.*

909. Vie de saint Julien et des autres confesseurs pontifes, ses successeurs, par l'abbé A. Voisin. *Le Mans, A. Lanier,* 1844, in-8, br.

910. Relation des actes et délibérations concernant la constitution en forme de bref de N.-S.-P. le pape Innocent XII, du 12 mars 1699, par messire Fr. de Salignac-Fénelon. *Paris, Fr. Muguet,* 1700, in-4, v. gr.

911. Lettres édifiantes et curieuses écrites des missions étrangères par quelques missionnaires de la Compagnie de Jésus. *Paris, H. Le Clerc,* 1736, in-12, mar. r. tr. dor. (*Rel. anc.*)

912. Relation des missions du Paraguai, traduites de l'italien de M. Muratori. *Paris, Bordelet,* 1754, in-12, v. marbr.

913. Histoire des Inquisitions religieuses d'Italie, d'Espagne et de Portugal, depuis leur origine jusqu'à la conquête de l'Espagne, par Joseph Lavallée. *Paris, Capelle,* 1809, 2 vol. in-8, br.

914. Histoire critique de l'inquisition d'Espagne, par D. Jean-Antoine Llorente, trad. par Al. Pellier. *Paris, Treuttel et Wurtz*, 1817-18, 4 vol. in-8, portr. br.

915. Mystères de l'Inquisition et autres Sociétés secrètes d'Espagne, par M. V. de Féréal. *Paris, Boizard*, 1846, gr. in-8, fig. br.

916. Costumes et histoire des principaux ordres religieux. *S. l. n. d.*, 2 vol. in-4, fig. color. cart.

917. Dictionnaire historique, portatif, des ordres religieux et militaires et des congrégations régulières et séculières qui ont existé jusqu'à nos jours, par M. C. M. D. P. D. S. J. D. M. E. G. *Amsterdam, Marc-Michel Rey*, 1769, pet. in-8, bas.

918. Le Trésor de l'abbaye royale de Saint-Denis en France, qui comprend les corps saints et autres reliques précieuses qui se voyent tant dans l'église que dans la salle du trésor. *Paris, J. Chaidon*, 1752, pet. in-8, br.

919. Histoire de l'abbaye royale de Saint-Benoît-sur-Loire, par M. l'abbé Rocher. *Orléans, H. Herluison*, 1869, gr. in-8, fig. br.

920. Histoire de l'ordre de Cluny depuis la fondation de l'abbaye jusqu'à la mort de Pierre le Vénérable (909-1157), par J.-Henri Pignot. *Autun*, 1868, 3 vol. in-8, br.

921. Histoire de l'abbaye de Saint-Polycarpe, depuis sa fondation jusqu'à sa destruction. *S. l.*, 1779, in-12, br.

922. Nécrologie des plus célèbres défenseurs de la vérité du xviie siècle. *S. l.*, 1761, in-12, br.

923. Triumphus Jesu Christi crucifixi per R. P. Bartholomæum Riccium à Castro-Fidardo. *Antuerpiæ, Adrianus, Collaert, s. d.*, in-8, fig. sur bois par Collaert, v. marbr.

924. La Saincteté chrestienne, contenant les vies, morts et miracles de plusieurs saincts de France et autres pays, qui ne sont dans les vies des Saincts et dont les reliques sont au diocèse et ville de Troyes, par M. N. Des-Guerrois. *Troyes, J. Jacquard*, 1637, in-4, vél.

Livre rare. Manque le titre; les premiers feuillets sont en mauvais état.

925. La Vie de saint Bernard, premier abbé de Clairvaux et Père de l'Église. *Paris, Ant. Vitré*, 1648, in-4, mar. r. fil. tr. dor. (*Rel. anc. fatiguée.*)

926. Vita D. Thomæ Aquinatis, Othonis Vænii ingenio et manu delineata. *Bruxellis, apud Ant. Collaert*, 1778, pet. in-fol. fig. n. rel.

927. La Vie de dom Barthélemy des Martyrs, religieux de l'ordre de Saint-Dominique, archevesque de Brague en Portugal. *Paris, Pierre le Petit*, 1664, in-4, v. gr.

928. Projet de l'Histoire générale des religions militaires et des caractères politiques et séculiers de chevalerie, par messire Nic. de Blégny. *Paris, Cl. Mazuel*, 1694, in-12, front. gr. v. gr.

929. Histoire des chevaliers Templiers et de leurs prétendus successeurs, suivie de l'histoire des ordres du Christ et de Monteza, par Élizée de Montagnac. *Paris, Aubry*, 1864, in-12, fig. sur chine, br.

930. Histoire des chevaliers hospitaliers de Saint-Jean de Jérusalem, appelés depuis chevaliers de Rhodes et aujourd'hui chevaliers de Malte, par Élizée de Montagnac. *Paris, Aubry*, 1863, in-12, fig. br.

931. Le Martyrologe des chevaliers de Saint-Jean de Hierusalem dits de Malte, par F. Mathieu de Goussancourt. *Paris, Siméon Piget*, 1654, 2 tom. en 1 vol. in-fol. blas. dem.-rel. bas.

932. Catalogue historique des grands maîtres de l'ordre de Saint-Jean de Jérusalem, à présent dits de Malthe, avec l'origine et progrès des chevaliers du même ordre et de leurs exploits de guerre, depuis l'an 1099 jusques à présent 1700, avec leurs armes et blasons. In-fol. n. rel.

Manuscrit de 1700, contenant 122 pages.

933. Vie de Mme La Fosse, guérie miraculeusement le 31 mai 1725 à la procession du Saint-Sacrement de la paroisse Sainte-Marguerite. *En France*, 1769, in-12, portr. br.

934. Traité des anciennes cérémonies, ou histoire contenant leur naissance et accroissement, leur entrée en l'Église, et par quels degrez elles ont passé jusques à la superstition (par Jonas Porrée). *S. l. n. d.*, pet. in-8 de 21 ff. prélim. et 118 pages, mar. r. fil. dos orné, tr. d. (*Rel. anc.*)

Livre rare.

935. Histoire miraculeuse de Notre-Dame de Liesse, par M. Villette, seconde édition. *Laon, J. Calvet*, 1769, in-8, fig. v. marbr.

936. Mémoires pour servir à l'histoire de la fête des Foux, qui se faisait autrefois dans plusieurs églises, par M. Du Tilliot. *Lausanne et Genève*, in-4, fig. cart. n. rog.

937. Histoire critique de Manichée et du Manichéisme, par M. de Beausobre. *Amsterdam, J.-Frédéric Bernard*, 1734, 2 vol. in-4, v. f. fil.

938. Histoire des Vaudois, par J.-P. Perrin, Lionnois. *Genève, P. et J. Chouët*, 1619. — Histoire des chrestiens Albigeois, par le même. *Genève, M. Berjon*, 1618. — La Doctrine des Vaudois, représentée par Cl. Seissel, avec notes par J. Cappel. *Sedan, J. Jannon*, 1618, 'in-8, vél. (*Piqûres de vers.*)

939. Histoire des Vaudois des vallées du Piémont et de leurs colonies, depuis leur origine jusqu'à nos jours, par Alexis Muston. *Paris, Levrault*, 1834, in-8, br.

Tome premier seulement.

940. Exposition succincte des principes religieux que professe la société des chrétiens communément appelés Amis, ou Quakers, par Henri Tuke, traduit de l'anglois. *Londres, W. Phillips*, 1823, in-12, cart. n. rog.

941. Histoire pittoresque de la Franc-Maçonnerie et des sociétés secrètes anciennes et modernes, par F.-T.-B. Clavel. *Paris, Pagnerre*, 1844, gr. in-8, fig. dem.-rel. dos et coins de mar. r. tête dor. n. rog.

942. Orthodoxie maçonnique, suivie de la Maçonnerie occulte et de l'Initiation hermétique, par J.-M. Ragon. *Paris, E. Dentu*, 1853, in-8, portr. br.

943. Maçonnerie occulte, suivie de l'Initiation hermétique, par J.-M. Ragon. *Paris, E. Dentu*, 1853, in-8, portr. br.

944. Thuileur : des Trente-trois Degrés de l'Ecossisme du rit ancien, dit accepté. *Paris, Delaunay*, 1813, in-8, fig. br.

IV. HISTOIRE ANCIENNE.

945. Réflexions critiques sur les histoires des anciens peuples, Chaldéens, Hébreux, Phéniciens, Égyptiens, Grecs, etc..., jusqu'au temps de Cyrus, par M. Fourmont. *Paris, Musier*, 1735, 2 vol. in-4, mar. r. fil., dos orné, tr. dor. (*Rel. anc.*)

946. Manuel de l'histoire ancienne, trad. de l'allemand de A.-H.-L. Heeren, par Al. Thurot. *Paris, F. Didot*, 1836, in-8, br.

947. De la Politique et du commerce des peuples de l'antiquité, par A.-H.-L. Heeren, trad. par W. Suckau. *Paris, F. Didot*, 1830-44, 7 vol. in-8, dem.-rel. mar. v. n. rog.

948. De la Politique et du commerce des peuples de l'antiquité, par A.-H.-L. Heeren, trad. par W. Suckau. *Paris, F. Didot*, 1830-44, 7 vol. in-8, dem.-rel. v. v.

949. Étude historique et topographique de la tribu de Juda, par M. E.-G. Rey. *Paris, Arthus Bertrand*, s. d., in-4, cartes, br.

950. LE PREMIER LIVRE D'ÉGÉSIPPUS, des faictz chevaleureux des princes juifs, durant le siége et destruction de Hiérusalem, mis naguères de latin en françois, par M. J. Millet de Sainct-Amour. *Paris, Pierre Thierry*, 1551, in-4, fig. sur bois, v. br. (*Mouillures.*)
Traduction très-rare.

951. Histoire d'Hérode, roi des Juifs, par F. de Saulcy. *Paris, L. Hachette*, 1867, gr. in-8, br.

952. Les Derniers Jours de Jérusalem, par Fr. de Saulcy. *Hachette*, 1866, gr. in-8, fig. br.

953. Études historiques, politiques et littéraires sur les Juifs d'Espagne, par Don José Amador de Los Rios, trad. en françois par J.-G. Magnabal. *Paris, Durand*, 1861, in-8, br.

954. Histoire des Perses, d'après les auteurs orientaux, grecs et latins, par le comte de Gobineau. *Paris, H. Plon*, 1869, 2 vol. in-8, br.

955. Xenophontis Scripta quæ supersunt, græce et latine. *Parisiis, A. F. Didot*, 1838, gr. in-8, demi-rel. mar. r.

956. Histoire universelle de Diodore de Sicile, trad. en françois par M. l'abbé Terrasson. *Paris, De Bure*, 1737-44, 7 vol. in-12, v. f. fil.

957. Histoire romaine, République, par M. Michelet. *Paris, Hachette*, 1843, 2 vol. in-8, demi-rel. mar. r. n. rog.

958. Histoire de Polybe, nouvellement traduite du grec, par dom Vincent Thuillier. *Paris, P. Gaudouin*, 1727, 6 vol. in-4, fig. v. gr.

959. C. Sallustii Crispi quæ extant, in usum Delphini. *Parisiis, apud Fr. Léonard*, 1674, in-4, v. gr. (*Aux armes du chancelier le Tellier.*)

960. Histoire de Jules César (par Napoléon III). *Paris, Impr. impériale*, 1865, 2 vol. in-4, pl. br.

961. Caius Cornelius Tacitus, cum selectis variorum interpretum notis ex postrema editione Jer. Jac. Oberlini. *Parisiis, C. Gosselin*, 1824, 5 vol. in-18, demi-rel. mar. v. n. rog.

962. Les Douze Césars, traduits du latin de Suétone, avec des notes et des réflexions, par J.-F. la Harpe. *Paris, Verdière*, 1821, 2 vol. in-8, portr. v. f. tr. dor.

963. Histoire de Constantinople, depuis le règne de l'ancien Justin jusqu'à la fin de l'Empire, traduite sur les originaux

grecs par M. Cousin. *Paris, P. Rocolet*, 1672-74, 8 vol.
in-4, v. marbr. fil.

V. HISTOIRE MODERNE.

1. *Histoire générale.*

964. Esprit de l'Histoire générale de l'Europe, depuis l'an
476 jusqu'à la paix de Westphalie. *Londres, de l'impr. de
T. Spilsbury*, 1783, in-8, mar. r. fil. tr. dor. (*Rel. angl. du
temps.*)

965. Chronique de Richer, moine de Senones (xe siècle), traduction française du xvie siècle, avec des éclaircissements
historiques, par Jean Cayon. *Nancy, Cayon-Liébault*, 1842,
in-4, cart. n. rog.

666. La Vie au temps des Trouvères, croyances, usages et
mœurs intimes des xie, xiie et xiiie siècles, d'après les lois,
chroniques, dits et fabliaux, par Antony Méray. *Paris,
Claudin*, 1873, in-8, br.

967. Mémoires pour servir à l'Histoire universelle de l'Europe
depuis 1600 jusqu'en 1716, par le P. d'Avrigny. *Nismes,
P. Beaume*, 1783, 2 vol. in-8, br.

968. Manuel historique du système politique des États de
l'Europe et de leurs colonies, depuis la découverte des
deux Indes, par M. Heeren. *Paris, Videcoq*, 1841, 2 vol.
in-8, demi-rel. dos et coins de mar. bl. tête dor. n. rog.

969. Introduction à l'histoire des maisons souveraines de
l'Europe, par le P. Buffier. *Paris, Coustelier*, 1717, 3 vol.
in-12, v. gr.

970. Relation de plusieurs particularités secrètes par-à-port
(*sic*) au changement du ministère et au traité de paix d'U-
trecht, avec quantité de desseins formés à l'encontre, par
M. le comte de Gallas, le prince Eugène, le pensionnaire
Heinsius, le baron de Bothmar et autres. Par J. P. en 1713.
In-folio parch.

Manuscrit d'une bonne écriture. 326 pages.

971. Coup d'Œil politique de l'Europe en 1754. *Saxe*. In-4,
demi-rel. mar. bl.

Manuscrit.

972. Actes du Congrès de Vienne du 9 juin 1815, avec les
pièces qui y sont annexées, publié par Fr. Schoell. *Paris*,
1815, in-8, demi-rel. n. rog.

973. Anecdotes du XIXe siècle, par Collin de Plancy. *Paris, Ch. Painparré*, 1821, 2 vol. in-8, br.

974. Histoire des classes nobles et des classes anoblies, par A. Granier de Cassagnac. *Paris, H.-L. Delloye*, 1840. — Histoire des classes ouvrières et des classes bourgeoises, par le même. *Paris, Desrez*, 1838, 2 vol. in-8, demi-rel. mar. r.

975. Histoire des classes ouvrières et des classes bourgeoises, par M. A. Granier de Cassagnac. *Poris, A. Desrez*, 1838, in-8, demi-rel. mar. viol. n. rog.

976. Le Play. Les Ouvriers européens. *Paris, Impr. imp.*, 1860, in-fol. broché.

2. *Histoire de France.*

A. Géographie; Histoire des Gaulois; Mœurs et usages; Antiquités, etc.

978. Éclaircissements géographiques sur l'ancienne Gaule, par M. d'Anville. *Paris, veuve Estienne*, 1741, in-12, cartes, v. marbr.

979. La Géographie françoise, contenant les descriptions, les cartes et le blason des provinces de France, par P. Du Val. *Paris*, 1667, in-12, v. gr.

980. Les Forêts de la Gaule et de l'ancienne France, par L.-F.-Alfred Maury. *Paris, Ladrange*, 1867, in-8, br.

981. Les Plans et Profilz de toutes les principales villes et lieux considérables de France, par le sieur Tassin. *Paris, Anthoinc de Fer*, 1644, 2 vol. in-8 obl. demi-rel. bas.

982. Le Voyage de France, dressé pour la commodité des François et des estrangers, par le sieur Du Verdier. *Paris, Michel Bodin*, 1665, in-12, vr gr.

983. Dictionnaire topographique de la France, par MM. L. Merlet, E. Thomas, G. de Soultrait, G. Stoffel, etc. *Paris, Impr. impériale*, 1861-72, 15 vol. in-4, br.

984. La Seine et ses bords, par Ch. Nodier. *Paris*, 1836, in-8, fig. demi-rel. v. ant. n. rog.

685. Ethnogénie gauloise. Preuves intellectuelles. Le Génie gaulois, caractère national, druidisme, institutions, industrie, etc., par Roget, baron de Belloguet. *Paris, Maisonneuve*, 1868, in-8, cart. n. rog.

986. Histoire de la Gaule méridionale sous la domination des conquérants germains. *Paris, Paulin*, 1836, 4 vol. in-8. demi-rel. v. f.

987. Considérations sur l'esprit militaire des Gaulois (par M. de Sigrais). *Paris, veuve Desaint*, 1774, in-12, v. marbr.

988. Recherches sur les prérogatives des dames chez les Gaulois, sur les Cours d'amour, par M. le président Rolland. *Paris, Nyon*, 1787, in-12, br.

989. Études d'Archéologie celtique, notes de voyages, par Henri Martin. *Paris, Didier*, 1872, in-8. br.

990. Histoire des Français des divers états aux cinq derniers siècles, par Amans-Alexis Monteil. *Paris, W. Coquebert*, 1842-44, 10 vol. in-8, demi-rel. v. viol.

991. Quel fut l'état des personnes en France sous la première et la seconde race de nos Rois, par M. l'abbé de Gourcy. *Paris, Desaint*, 1769, in-12, bas.

992. Histoire des Modes françaises, ou Révolutions du costume en France, depuis l'établissement de la monarchie jusqu'à nos jours. *Amsterdam et Paris, Mérigot*, 1779, 2 part. en 1 vol. in-12, demi-rel. bas.

993. Les Français peints par eux-mêmes. Encyclopédie du dix-neuvième siècle. *Paris, L. Curmer*, 1843, 9 vol. gr. in-8, fig. demi-rel. mar. v.

994. Les Français peints par eux-mêmes, encyclopédie morale du XIXe siècle, par de Balzac, J. Janin, F. Soulié, Ch. Nodier, etc., illustrée par Gavarni, H. Monnier. T. Johannot, etc. *Paris, Furne*, 1846, 7 vol. gr. in-8, br.

995. Les Industriels, métiers et professions en France, par Emile de la Bédollière, avec 100 dessins, par Henry Monnier. *Paris, L. Janet*, 1842, in-8, br.

996. Abécédaire, ou Rudiment d'archéologie (ère gallo-romaine), par M. de Caumont. *Paris, E. Derache*, 1862, in-8, fig. demi- rel. mar. r. n. rog.

997. Antiquités nationales, ou Recueil de monuments pour servir à l'histoire générale et particulière de l'Empire françois, par Aubin-Louis Millin. *Paris, Drouhin*, 1790, 5 vol. in-fol. fig. br.

998. Le Tombeau de Childéric Ier, roi des Francs, restitué à l'aide de l'archéologie, par M. l'abbé Cochet. *Paris, Derache*, 1859, in-8, fig. br.

999. Collection générale des Documents français qui se trouvent en Angleterre, recueillis et publiés par J. Delpit. *Paris, J.-B. Dumoulin*, 1847, in-4, br.

B. **Histoire générale et particulière.**

1000. La Mer des croniq̄s et Miroir hystorial de France, par Robert Gaguin...., lequel traicte de tous les faictz advenus depuis la destruction de Troye la grant, translaté de latin en françois (par Pierre Desray), additionné de plusieurs additions, jusques en lan mil cinq cens et vingt. *Nouvellement imprimé à Paris, s. d.*, in-fol. goth. fig. sur bois, v. m. fil. (*Mouillures et piqûre de ver au titre.*)

1001. Annales de la Monarchie françoise depuis son établissement jusques à présent, par M. de Limiers. *Amsterdam, L'Honoré et Chatelain*, 1724, 3 vol. in-fol. demi-rel. mar. r.

1002. Histoire de France représentée par figures, gravées par F.-A. David, accompagnées d'un précis historique par Ant. Caillot. *Paris*, 1817, 3 vol. in-8, cart. n. rog.

1003. Histoire de France par Henri Martin. *Paris, Furne*, 1862-65, 17 vol. in-8, fig. demi-rel. v. f.

1004. Histoire nationale des départements de la France, par M. Ducourneau et A.-A. Monteil. Bourgogne. *Paris, Maresq, s. d.*, in-4, fig. br.

1005. Les Crimes des rois de France depuis Clovis jusqu'à Louis XVI, par Louis la Vicomterie. *Paris, Petit*, 1791, in-8, fig. cart.

1006. Les Crimes des reines de France, depuis le commencement de la monarchie jusqu'à Marie-Antoinette, publiés par L. Prudhomme. *Paris*, 1791, in-8, fig. cart.

1007. Fleur de la maison de Charlemagne, qui est la continuation des antiquitez françoises, contenant les faits de Pépin et ses successeurs, depuis l'an 751 jusques à l'an 840 de Jesus-Christ, par M. le président Fauchet. *Paris, Jérémie Périer*, 1601, pet. in-8, v. gr.

1008. Recueil de pièces historiques sur la reine Anne ou Agnès, épouse de Henri Ier roi de France, par le prince Alex. Labanoff de Rostoff. *Paris, F. Didot*, 1825, in-8, br.

1009. Histoire de la Jacquerie d'après des documents inédits, par Siméon Luce. *Paris, A. Durand*, 1859, in-8, br.

1010. Les Routiers au xive siècle. Les Tard-Venus et la bataille de Brignais, par M. P. Allut. *Lyon, N. Scheuring*, 1859, pet. in-8, pap. teinté, br.

1011. Le Premier (le second et le tiers) Volume de l'Histoire et chronique de messire Jehan Froissart; reveu et corrigé...

par Denis Sauvage. *Lyon, par Jan de Tournes*, 1559-1560,
3 tomes en 1 vol. in-fol. parch.

Manque le quatrième volume.

— Du même ouvrage, premier et second volumes. (*Premier
volume incomplet du titre.*)

1012. Bertrand du Guesclin et son époque, par D.-F. Jami-
son, trad. de l'anglais par J. Baissac. *Paris, J. Rothschild*,
1866, in-8, fig. br.

1013. Chronique de la Pucelle et chronique de Cousinot, suivie de la Chronique normande de P. Cochon, avec notices,
notes et développements par M. Vallet de Viriville. *Paris*,
A. Delahays, 1859, in-18, br.

Exemplaire sur papier vélin.

1014. Les Mémoires de messire Philippe de Comines, seigneur
d'Argentan, reveus et corrigez par Denys Godefroy. *Paris*,
Impr. royale, 1649, in-fol. réglé, v. gr.

1015. Vie de la reine Anne de Bretagne, femme des rois de
France Charles VIII et Louis XII, suivie de lettres inédites
et de documents originaux, par Le Roux de Lincy. *Paris*,
L. Curmer (*Lyon, impr. de L. Perrin*), 1860, 4 vol. pet. in-8,
pap. teinté br. et album dans un carton.

1016. Exemplaria literarum quibus christianissimus Gallia-
rum Rex Franciscus ab adversariorum maledictis defen-
ditur; et controversiarum causæ, ex quibus bella hodie in-
ter ipsum et Carolum quintum imperatorem emerserunt,
explicantur..... *Parisiis, ex offic. Rob. Stephani*, 1537,
in-4 de 215 pages, vél.

Réponse au manifeste de Charles-Quint, qui reportait sur François Ier la
responsabilité de la guerre. Pièce curieuse.
Il manque à cet exemplaire le tableau de la fin, indiqué par M. Brunet.
On a relié à la suite : *Francisci Contareni de rebus in Etruria a Senensi-
bus gestis... a Jo.* Mich. Bruto nunc primum in lucem editi. *Lugduni, apud
her. Sebast. Gryphii, 1852, in-4.*

1017. La Vraye et entière Histoire des troubles et choses
mémorables avenues tant en France qu'en Flandres, et
pays circonvoisins, depuis l'an 1562 (par La Popelinière).
Basle, P. Davantes, 1572, in-8, v. gr.

1018. Journal des choses mémorables advenues durant tout
le règne de Henry III, roy de France et de Pologne. *S. l.*,
1621, pet. in-8, v. marbr.

1019. Ad Amplissimos Polonorum Legatos, Parisiorum ur-
bem ingredientes, Jo. Aurati poetæ regii prosphonetici ver-
sus. *Parisiis, ex officina Federici Morelli*, 1573, in-4, de
8 ff. cart.

1020. Journal inédit du règne de Henry IV, 1598-1602, par Pierre de l'Estoile, publié par E. Halphen. *Paris, A. Aubry*, 1862, in-8, pap. de Holl., br.

1021. Histoire du roy Henry le Grand, composée par messire Hardouin de Péréfixe. *Amsterdam, Ant. Michiels*, 1662, in-12, front. gravé, vél.

1022. Mémoires de Maximilien de Béthune, duc de Sully, mis en ordre, avec des recherches, par M. L. D. L. D. L. (l'abbé de l'Ecluse). *Londres*, 1745, 3 vol. in-4, portr. v. marbr.

1023. Mémoires d'Estat sous le règne des roys Henry III et Henry IV, par M. de Cheverny. *Paris, Fr. Mauger*, 1664, 2 vol. pet. in-12, v. gr.

1024. Satyre Ménippée, de la vertu du catholicon d'Espagne, nouvelle édition augmentée de nouvelles remarques (par P. Dupuy, Le Duchat et Prosper Marchand). *Ratisbonne, Kerner*, 1726, 3 vol. in-8, fig. v. gr.

1025. Sermons de la simulée conversion, et nullité de la prétendue absolution de Henry de Bourbon, par M. Jean Boucher. *Jouxte la copie imprimée à Paris, chez G. Chaudière*, 1594, pet. in-8, v. v. fil. tr. dor. (*Purgold.*)

1026. Satyre Ménippée de la vertu du Catholicon d'Espagne, et de la tenue des estats de Paris, augmentée de notes par V. Verger et d'un commentaire par Ch. Nodier. *Paris, Delangle*, 1824, 2 vol. in-8, fig. demi-rel.

1027. Satyre Ménippée.... *Paris, N. Delangle*, 1824, 2 vol. in-8, fig. de Devéria sur chine, demi-rel. mar. n. tête dor. n. rog.

1028. Lettres et Négociations de P. Choart, seigneur de Buzanval (ambassadeur de France en Hollande sous Henri IV), et de Fr. d'Aerssen, publiées par G.-G. Vreede. *Leide, S. et J. Luchtmans*, 1846, in-8, br.

1029. Extraict de l'inventaire qui s'est trouvé dans les coffres de M. le Chevallier de Guise, par Mlle d'Antraige, et mis en lumière par M. de Bassompierre. *S. l.*, 1615, pet. in-8, de 15 pag. n. rel.

1030. Les Résolutions et arrestez de la chambre du Tiers-Estat, touchant le premier article de leur cahier, presenté au roy. *Paris, P. Mettayer*, 1615, pet. in-8, br.

1031. Les Triomphes de Louis le Juste XIII du nom, roy de France et de Navarre, représentés en figures exposées par un poëme héroïque de Ch. Beys, et accompagnés de vers françois sous chaque figure, composez par P. Corneille, avec les portraits des rois, princes et généraux d'armée qui ont servi Louis le Juste. *Paris, Ant. Étienne*, 1649, in-fol. fig. v. gr.

1032. La Conjuration de Conchine (par P. Mathieu). *Paris, Rocolet*, 1618, pet. in-8, v. marbr. fil.

1033. Recueil des pièces les plus curieuses qui ont esté faites pendant le règne du connestable M. de Luyne. *S. l.*, 1625, pet. in-8, vél.

1034. Mémoires du duc de Rohan, sur les choses advenues en France depuis la mort de Henry le Grand jusques à la paix faite avec les reformez au mois de juin 1629. *S. l. (Elz.)*, 1646. — Discours politiques du duc de Rohan. *S. l. (Elz.)*, 1646, pet. in-12, vél.

1035. Le Journal des choses les plus mémorables qui se sont passées au dernier siége de La Rochelle, par Pierre Mervault Rochelois. *Rouen, J.-B. Besongne*, 1683, in-12, v. gr.

1036. Mémoires du duc de Rohan, sur les choses advenuës en France depuis la mort de Henry le Grand jusques à la paix faite avec les Reformez au mois de juin 1629..... Ensemble le voyage du mesme auteur, fait en Italie, Allemagne, Pais-Bas-Uni, Angleterre et Escosse, fait en l'an 1600. *Paris, sur l'imprimé à Leyden, chez Louys et Jean Elzevier*, 1661, 2 vol. pet. in-12, mar. br. fil. compart. dos orné, tr. dor.

Sur les 12 premiers feuillets du tome Ier l'encre a coulé au lavage.

1037. Arrest du Parlement de Paris donné et rendu à la requeste du Procureur general du roy, contre Charles II, duc de Lorraine, et autres complices et accusez, le 1er aoust 1412. *Paris, J. Villery*, 1634, pet. in-8, v. marbr.

1038. Le Roi chez la Reine, ou Histoire secrète du mariage de Louis XIII et d'Anne d'Autriche, par Armand Baschet. *Paris, A. Aubry*, 1864, in-8, cart. n. rog.

1039. Mémoires du marquis de Chouppes, suivis des mémoires du duc de Navailles et de La Valette (1630-1682), revus et annotés par M. C. Moreau. *Paris, Techener*, 1861, in-8, br.

1040. L'Histoire du temps, ou le Véritable Récit de ce qui s'est passé dans le Parlement de Paris, depuis le mois d'aoust 1647, jusques au mois de novembre 1648. Augmentée de la seconde partie qui vient jusques à la paix...

(par Nicolas Johannès, sieur du Portail). *S. l. (Paris)*, 1649, 1 tome en 2 vol. pet in-8, v. f. fil.

Aux armes de Madame de Pompadour.

1041. Recueil très-exact et curieux de tout ce qui s'est fait et passé de singulier et mémorable en l'assemblée générale des Estats tenus à Paris en l'année 1614, et particulièrement en chacune séance du tiers ordre, par M. Florimond Rapine. *Paris*, 1651, in-4, vél.

1042. Requeste présentée à M. le Prévost des Marchands, par cent mil Provinciaux ruinez, attendant l'entrée, avec le souhait des mesmes Provinciaux pour l'entrée du roy et de la reyne. *Paris, J.-B. Loyson*, 1660, in-4, de 4 ff. demi-rel.

1043. Lettres, Instructions et Mémoires de Colbert, publiés par P. Clément. *Paris, Impr. impériale*, 1861-73, 8 vol. gr. in-8, br.

1044. Mémoires de Charles Perrault, contenant beaucoup de particularités et d'anecdotes intéressantes du ministère de M. Colbert. *Avignon*, 1759, in-12, br.

1045. Recherches historiques et critiques sur l'Homme au masque de fer, par le citoyen Roux (Fazillac). *Paris, impr. de Valade, an IX*, in-8, demi-rel. v. f. tête dor. n. rog.

1046. Vie privée du cardinal Dubois. *Londres*, 1789, in-8, portr. br.

1047. Histoire de la guerre des Alpes, ou Campagne de 1744, par les armées combinées d'Espagne et de France, commandées par l'infant d'Espagne et le prince de Conti, où l'on a joint l'Histoire de Coni, depuis sa fondation en 1120 jusqu'à présent, par M. le marquis de Saint-Simon. *Amsterdam, Marc-Mich. Rey*, 1770, in-4, cartes, br. non rog.

1048. Mémoires historiques et anecdotes de la cour de France pendant la faveur de la marquise de Pompadour. *Paris, Arthus Bertrand*, 1802, in-8, br.

1049. Mémoire pour le sieur de La Bourdonnais, avec les pièces justificatives. *Paris, impr. de Delaguette*, 1750, pl. vél.

1050. Le Parc aux Cerfs, ou l'Origine de l'affreux déficit, seconde édition. *S. l.*, in-8, fig. cart.

1051. Testament politique du maréchal duc de Belle-Isle (par de Chevrier). *Amsterdam*, 1761, in-12, mar. r. fil. dos orné, tr. dor. (*Rel. anc.*)

1052. Anecdotes sur madame la comtesse Du Barri. *Londres, John Adamsohn*, 1777, in-12, br.

1053. Lettres originales de madame la comtesse Du Barry avec celles des princes, seigneurs, etc., qui lui ont écrit. *Londres,* 1779, in-12, br.

1054. Mémoires du duc de Lauzun (1747-1783), publiés par L. Lacour, deuxième édition. *Paris, Poulet-Malassis,* 1858, in-12, cart, n. r.

1055. Le Diable dans un bénitier, et la métamorphose du Gazetier cuirassé en mouche (par Anne Gédéon, marquis de Pelleport). *Paris, Impr. royale, s. d.,* in-8, br.

1056. L'Espion dévalisé (par Baudouin de Guémadeuc). *Londres,* 1782, in-8, br.

1057. Essai historique sur la Vie de Marie-Antoinette, reine de France et de Navarre. *Versailles et Londres,* 1789, 2 vol. in-8, portr. demi-rel. v.

1058. Essais historiques sur la vie de Marie-Antoinette d'Autriche. *Londres et Versailles,* 1789, 2 part. en 1 vol. in-8, cart.

1059. Vie privée ou apologie du duc de Chartres, contre un libelle diffamatoire écrit en mil sept cent quatre-vingt-un, par une société d'amis du prince. *A cent lieues de la Bastille,* 1784, in-8, cart.

1060. Mémoires relatifs à la famille royale de France pendant la Révolution, publiés d'après le journal de la princesse de Lamballe, par une dame de qualité. *Paris, Treuttel et Wurtz,* 1826, 2 vol. in-8, portr. v. ant.

1061. Révolution française, table alphabétique du Moniteur, de 1787 jusqu'à l'an 8 de la République (1799). *Paris,* 1802, 7 vol. in-4, demi-rel. v. ant.

1062. Histoire de la Révolution française, par MM. A. Thiers et Félix Bodin. *Paris, Lecointe et Durey,* 1823, 10 vol. in-8, demi-rel. v. f.

1063. La Révolution, par Edgar Quinet. *Paris, A. Lacroix,* 1865, 2 vol. in-8, demi-rel. mar. r.

1064. Liste des députés nommés dans l'assemblée préliminaire du tiers état, de la prévôté et vicomté hors des murs de Paris, le 19 avril 1789, pour assister à l'Assemblée des trois états, indiquée au vingt-quatre dudit présent mois. *Paris, J.-Ch. Desaint,* 1789, in-4, de 16 pages, br.

1065. Vie privée de l'abbé Maury, écrite sur des mémoires fournis par lui-même pour joindre à son Petit Carême. *S. l.,* 1790, in-8, de 28 pp. cart. n. rog.

1066. Lettres à la Noblesse de Bretagne, par l'auteur du projet de réponse aux mémoires des princes. *S. l.,* 1789, in-8, br.

1067. Histoire de la Révolution française, par J. Michelet. *Paris, Chamerot*, 1847-53, 7 tom. en 10 part. in-8, br.

1068. Dernier Tableau de Paris, ou Récit historique de la Révolution du 10 août 1792, par J. Peltier. *Londres, Elmsly*, 1794, 2 vol. in-8, portr. br.

1069. Histoire des Girondins, par M. A. de Lamartine. *Paris, Furne*, 1847, 8 vol. in-8, br., et atlas in-4, demi-rel. (*Avec envoi autographe de l'auteur.*)

1070. Histoire du Tribunal révolutionnaire de Paris, 1793-95, d'après des documents, par Émile Campardon. *Paris, Poulet-Malassis*, 1862, 2 vol. in-12, demi-rel. dos et coins de mar. r. tête dor. n. rog.

1071. Dictionnaire des individus envoyés à la mort judiciairement, révolutionnairement et contre-révolutionnairement pendant la Révolution, particulièrement sous le règne de la Convention nationale, avec gravures et tableaux, par L. Prudhomme. *Paris*, 1796, 2 vol. in-8, fig. demi-rel. v. f.

1072. Liste générale des individus condamnés par jugements, ou mis hors la loi par décrets, et dont les biens ont été déclarés confisqués au profit de la République. *Paris, an II*, 2 vol. in-8, demi-rel. dos et coins de mar. r. n. rog.

1073. Procès de Marie-Antoinette d'Autriche, ci-devant reine de France. *Paris*, 1796, in-8. cart.

1074. Martyre de la reine de France, ou le 16 octobre 1793. *Paris, Boucher*, 1822, in-8, demi-rel. mar. v.

1075. Marie-Anne-Charlotte de Corday d'Armont; sa vie, son temps, ses écrits, son procès, sa mort, par Chéron de Villiers. *Paris, Amyot*, 1865, gr. in-8, et atlas in-4, br.

1076. Charlotte Corday, par Alph. Esquiros. *Paris, Legallois*, 1841, 2 tom. en 1 vol. in-18, cart. n. rog.

1077. Charlotte Corday et madame Roland, par madame Louise Colet. *Paris, Berquet et Pélon*, 1842, in-8, portr. sur chine et fac-simile, br.

1078. Lettres (80) bougr.....t patriotiques du véritable père Duchêne. In-8, br.

1079. Grand Monde et salons politiques de Paris après la Terreur, par Louis Lacour. *Paris*, 1861, in-12, br.

1080. Histoire de Napoléon, par M. de Norvins, illustrée par Raffet. *Paris, Furne*, 1855, gr. in-8, fig. mar. v. dent. tr. dor.

1081. Thiers (A.). Histoire de la Révolution française. — Histoire du Consulat. — Histoire de l'Empire. *Paris, Furne et Lheureux*, 1865, 7 vol. gr. in-8, fig. demi-rel. mar. viol.

1082. Catalogue des médailles de l'histoire numismatique de Napoléon, frappées à la Monnaie de Paris, depuis la bataille de Montenotte, en 1796, jusqu'à nos jonrs. *Paris, Brasseux*, 1810, in-8, fig. demi-rel. mar. n.

1083. Mémorial de Sainte-Hélène, par le comte de Las Cases. *Paris, Ern. Bourdin*, 1842, 2 vol. gr. in-8, fig. demi-rel. mar. bl. n. rog.

1084. Napoléon et ses contemporains, suite de gravures représentant des traits d'héroïsme, de clémence, de générosité, de popularité, avec un texte publié par Auguste de Chambure. *Paris, Bossange*, 1824, in-4, fig. sur chine, demi-rel. mar. bl. n. rog.

1085. Secret politique de Napoléon, comme base de l'avenir moral du monde, par Hoëné Wronski. *Tours, J. Didot*, 1840, in-8, br.

1086. Mémoires de mademoiselle Avrillion sur la vie privée de Joséphine, sa famille et sa cour. *Paris, Ladvocat*, 1833, 2 vol. in-8, portr. demi-rel.

1087. Souvenirs intimes de M. le comte de Mesnard. *Paris, L. de Potter*, 1844, 3 vol. in-8, br.

1088. Vénalité des journaux. Révélations accompagnées de preuves, par Constant Hilbey. *Paris*, 1845, in-8, cart.

1089. Mémoires d'un Bourgeois de Paris, par L. Véron. *Paris, Librairie nouvelle*, 1856, 4 vol. in-18, demi-rel. mar. tr. dor.

1090. Histoire de la Révolution de 1848, par Daniel Stern. *Paris, G. Sandré*, 1850, 3 vol. in-8, demi-rel. dos et coins de mar. r. tête dor. n. rog.

1091. Journées illustrées de la Révolution de 1848. *Paris*, s. d., in-fol. fig. demi-rel.

1092. Profils révolutionnaires, par un crayon rouge, publiés par Victor Bouton. *Paris*, 1848-1849, gr. in-8, br.

1093. Souvenirs numismatiques de la Révolution de 1848. Recueil complet des médailles, monnaies et jetons qui ont paru en France, depuis le 22 février jusqu'au 20 décembre 1848. *Paris*, s. d., in-4, demi-rel. v. ant.

1094. Documents pour servir à l'histoire de nos mœurs, manuscrit de février 1848. *Paris, lib. de l'Académie des bibliophiles*, s. d., in-32, broché.
     Tiré à petit nombre.

1095. La République dans les carrosses du Roi. Triomphe sans combat. — Curée de la liste civile et du domaine privé. Scènes de la Révolution de 1848, par Louis Tirel. *Paris, Garnier,* 1850, in-8, demi-rel. dos et coins de mar. r. tête dor. n. rog.

1096. Histoire des votes des représentants du peuple dans nos assemblées nationales, depuis la révolution de février 1848. La Constitution, par Raginel. *Paris,* 1851, in-4, br.

1097. La Lanterne, par H. Rochefort. *Paris et Bruxelles,* 1868-69, 77 nos in-18, br.

C. Mélanges de l'histoire de France.

1098. Précis historique, généalogique et littéraire de la maison d'Orléans. *Crapelet,* 1830, in-8, portr. br.

1099. Des Cérémonies du sacre, ou Recherches historiques et critiques sur les mœurs, les coutumes, les institutions et le droit public des Français dans l'ancienne monarchie, par M. C. Leber. *Paris, Baudouin frères,* 1825, in-8, fig. demi-rel.

1100. Dictionnaire de l'ancien régime et des abus féodaux, par M. Paul D*** de P***. *Paris, P. Mongie,* 1820, in-8, br.

1101. Almanach royal, année M.CCLXX, présenté à Sa Majesté pour la première fois en 1699. *Paris, le Breton,* in-8, mar. r. dent. dos orné, tr. dor. *(Rel. du temps.)*

Aux armes de JOLY DE FLEURY.

1102. Almanach de la cour et de l'empire français pour l'année 1812. *Paris, Rosa,* 1812, in-32, chagr. v. tr. dor.

1103. Histoire des ministres d'Estat qui ont servi sous les roys de France de la troisième lignée, avec le sommaire des règnes ausquels ils ont vescu, par Auteuil. *Paris, Ant. de Sommaville,* 1642, in-fol. bas.

1104. État militaire de la France, années 1780, 1783, 1784. *Paris, Onfroy,* 1780-84, 3 vol. in-12, demi-rel.

1105. Septième Abrégé de la carte générale du militaire de France sur terre et sur mer jusqu'en décembre 1740, par Lemau de la Jaisse. *Paris, Prault,* 1741, pet. in-8, v. gr.

1106. Plans des principales places de guerre et villes maritimes frontières du royaume de France, par Lemau de la Jaisse. *Paris, Didot,* 1736, pet. in-8, pl. v. gr.

1107. Le Secret des finances de France, par N. Froumenteau (Nic. Barnaud). *S. l.,* 1581, in-8, vél.

1108. Collection Jean Rousseau. Monnaies féodales françaises, décrites par Benj. Fillon. *Paris,* 1860, in-8, fig. br.

1109. Médailles du règne de Louis XV, par de Boze. *S. l.
n. d.,* in-4, cart.

1110. Médailles du règne de Louis XV (gravées et publiées
par Godonnesche). *S. l. n. d.,* in-fol. 54 planches de médailles avec encadr. gravés v. f.

1111. Histoire du jeton au moyen âge, par Jules Rouyer et
Eug. Hucher. *Paris, Rollin,* 1858, gr. in-8, br.
Première partie.

1112. Collection de plombs historiés, trouvés dans la Seine
et recueillis par Arthur Forgeais. *Paris, Aubry,* 1862-65,
6 vol. in-8, fig. br.

D. Histoire des anciennes provinces et villes de France.

a. *Paris.*

1113. Description historique de la généralité de Paris, divisée
en ses 22 élections, avec la carte générale où l'on verra la
disposition relative de chacune desdites élections. *Paris,*
1777, in-4, cart. n. rog.

1114. État ou Tableau de la ville de Paris, nouvelle édition,
revue et corrigée. *Paris, Prault père,* 1762, in-8, carte,
v. marbr.

1115. Recherches statistiques sur la ville et le département
de la Seine. *Paris, Impr. royale,* 1826, in-4, demi-rel. bas.

1116. Tableau historique et pittoresque de Paris, depuis les
Gaulois jusqu'à nos jours, par M***. *Paris, H. Nicolle,*
1808, 3 vol. in-4, fig. et cartes, demi-rel. v. v. n. rog.

1117. Histoire de Paris, depuis le temps des Gaulois jusqu'en
1850, par Théophile Lavallée, illustrée par Champin. *Paris,
J. Hetzel,* 1852, gr. in-8, fig. demi-rel. mar. tr. dor.

1118. Singularités historiques contenant ce que l'histoire
de Paris et de ses environs offre de plus piquant et de plus
extraordinaire, par J.-A. Dulaure. *Paris, Baudouin,* 1825,
in-8, br.

1119. Singularités historiques... par J.-A. Dulaure. *Paris,
Baudouin frères,* 1825, in-8, fig. demi-rel. dos et coins de
veau fauve.

1120. Journal d'un voyage à Paris en 1657-1658, publié par
A.-P. Faugère. *Paris, Benj. Duprat,* 1862, in-8, demi-rel.
mar. br. (*Rare.*)

1121. ÉTAT DES CURES DU DIOCÈSE DE PARIS, divisé en archidiaconés, archiprêtrés et doyennés, avec les noms des saints patrons des églises... imprimé par ordre de Mgr le Clerc de Juigné, archevêque de Paris. *Paris, de l'impr. de Cl. Simon*, 1782, in-fol. parch. vert.

Volume rare.

On y a joint diverses pièces : Trois mandements des vicaires généraux de Paris, de janvier 1816 et 1817, ordonnant de célébrer l'anniversaire de la mort de Louis XVI et celui de la mort de Marie-Antoinette; *imprimés chez Adr. Le Clerc*, 1816-1817. — Le Testament de Louis XVI, imprimé; 1 page in-fol. — Trois pièces manuscrites, sortes d'allocutions destinées à précéder la lecture du Testament de Louis XVI, faite par les curés dans les différentes églises, 7 pages. — Deux fac-simile de la dernière lettre de Marie-Antoinette. — Le tout est sous enveloppe avec l'adresse de M. le curé de Saint-Gervais, et le cachet du « ministère de la police générale ».

1122. La Police de Paris dévoilée, par P. Manuel. *Paris, J.-B. Garnery, an II*, 2 vol. in-8, br.

1123. De la Police de Paris, de ses abus et des réformes dont elle est susceptible, avec documents anecdotiques et politiques, par A.-G. Claveau. *Paris, A. Pillot*, 1831, in-8, br.

1124. Recherches sur la grande confrérie Notre-Dame aux prêtres et bourgeois de la ville de Paris, par M. Le Roux de Lincy. *Paris, impr. de Duverger*, 1844, in-8, br.

1125. Recueil des chartes, créations et confirmations des colonels, capitaines, majors, officiers, arbalestriers, archers, arquebusiers et fusiliers de la ville de Paris, par M. Hay. *Paris, impr. de Guil. Desprez*, 1770, in-4, fig. v. marbr.

1126. Statuts et règlemens de la communauté des procureurs du Chastelet de Paris, homologuez par sentence dudit Chastelet du 14 mars 1726. *Paris, impr. de Stoupe*, 1778, in-4 de 24 pages, br.

1127. Personnages célèbres dans les rues de Paris, depuis une haute antiquité jusqu'à nos jours, par J.-B. Gouriel. *Paris, Lerouge*, 1811, 2 vol. in-8, br.

1128. Les Carrosses à cinq sols, ou les Omnibus du XVIIe siècle. *Paris, Didot*, 1828, in-12, br. (*Ex. gr. pap.*)

1129. Le Diable à Paris et les Parisiens, par G. Sand, Stahl, L. Gozlan, Fr. Soulié, Ch. Nodier, etc.; illustrations par Gavarni. *Paris, J. Hetzel*, 1845, 2 vol. in-8, demi-rel. mar. r. tr. dor.

1130. Le Diable à Paris, par MM. de Balzac, Eugène Sue, G. Sand, etc., illustrations par Gavarni. *Paris, J. Hetzel*, 1846, gr. in-8, fig. cart. toile, tr. dor.

1131. Paris qui s'en va et Paris qui vient, par Léopold Flameng. *Paris, A. Cadart, s. d.*, in-4, eaux-fortes, cart.

1132. Les Étrangers à Paris, par MM. L. Desnoyers, J. Janin, E. Guinot, etc., illustrations de MM. Gavarni, Th. Frère, H. Émy, etc. *Paris, Ch. Warée, s. d.,* gr. in-8, fig. br.

1133. Paris au dix-neuvième siècle, recueil des scènes de la vie parisienne, dessinées d'après nature par V. Adam, Gavarni, Daumier, etc., avec un texte descriptif par Alb. Second, E. Pagès, Em. Gonzalès, etc. *Paris, Aubert,* 1841, in-4, demi-rel. dos et coins de mar. r. n. rog.

1134. Paris et les Parisiens au xixe siècle, mœurs, arts et monuments, par MM. A. Dumas, Th. Gautier, P. de Musset, etc., illustrations par MM. Eug. Lami, Gavarni et Rouargue. *Paris, Morizot,* 1856, gr. in-8, fig. br.

1135. Un Hiver à Paris, par M. Jules Janin. *Paris, L. Curmer,* 1845, gr. in-8, fig. br.

1136. L'Été à Paris, par M. Jules Janin. *Paris, L. Curmer, s. d.,* gr. in-8, fig. br.

1137. Description historique de la basilique métropolitaine de Paris, par A.-P.-M. Gilbert. *Paris, le Clere,* 1821, in-8, fig. demi-rel. bas.

1138. L'Hôtel de Cluny au moyen âge, par Mme de Saint-Surin. *Paris, J. Techener,* 1835, in-12, pap. de Holl. br.

1139. Laborde (comte de). Le Palais Mazarin et les grandes habitations de ville et de campagne au xviie siècle. — De l'Organisation des bibliothèques dans Paris, 4e lettre. *Paris, Franck,* 1846, 2 broch. gr. in-8, fig. br.

1140. Mémoires historiques et authentiques sur la Bastille. *Londres et Paris, Brisson,* 1789, 3 vol. in-8, demi-rel. dos et coins de v. f.

1141. Apologie de la Bastille, pour servir de réponse aux Mémoires de M. Linguet sur la Bastille, avec des notes par un homme en pleine campagne (par feu Servan). *Philadelphie (Lausanne),* 1784, in-8, demi-rel. mar. r.

1142. L'Hôtel des haricots, maison d'arrêt de la garde nationale de Paris, par Albert de Lasalle, 70 dessins par Edmond Morin. *Paris, E. Dentu, s. d.,* pet. in-8, br.

1143. Chroniques de Passy et de ses environs, par P.-N. Quillet. *Paris, Delaunay,* 1836, 2 vol. in-8, br.

b. Ile-de-France ; Picardie ; Artois.

1144. Versailles ancien et moderne, par le comte Alexandre de Laborde. *Paris,* 1841, gr. in-8, fig. demi-rel. mar. bl. pl. toile, tr. dor.

1145. Versailles. Armoiries de la salle des croisades. *Paris,*
Ch. Gavard, s. d., in-4, blas. cart.

1146. Les Promenades et rendez-vous du parc de Versailles
(par Henri de la Mothe). *Bruxelles, et se trouve à Paris*
chez Musier et Duchesne, 1762, 2 part. en 1 vol. in-12, v.
mar.

1147. Histoire de la maison royale de Saint-Cyr (1686-1793),
par Théophile Lavallée. *Paris, Furne,* 1856, gr. in-8, fig.
demi-rel. dos et coins de mar. v. tête dor. n. rog.

1148. Chronique d'une ancienne ville royale, Dourdan, capitale du Hurepoix, par Joseph Guyot. *Paris, A. Aubry,*
1869, in-8, br.

1149. Histoire de Provins, par Félix Bourquelot. *Provins,*
Lebeau, 1839, 2 vol. in-8, fig. br.

1150. État de la forêt de Guise, dite de Compiègne. *Com-*
piègne, 1767, in-8, carte, cart.

1151. Essai sur la topographie géognostique du département
de l'Oise, par L. Graves. *Beauvais,* 1847, in-8, br.

1152. Histoire du diocèse de Beauvais depuis son établissement au IIIe siècle jusqu'au 2 septembre 1792, par l'abbé
Delettre. *Beauvais,* 1842, 3 vol. in-8, br.

1153. Bibliothèque historique, monumentale, ecclésiastique
et littéraire de la Picardie et de l'Artois, publiée par
M. P. Roger. *Amiens,* 1844, gr. in-8, br.

1154. Archives historiques et ecclésiastiques de la Picardie
et de l'Artois, publiées par P. Roger. *Amiens,* 1842, gr.
in-8, dem.-rel. v. bl.

1155. Essai sur l'origine des villes de Picardie, précédé de
recherches historiques sur le nom et l'étendue successive
de cette ancienne province, par L.-A. Labourt. *Amiens,*
A. Caron, 1840, in-8, br.

1156. Les Antiquitez, histoires et choses plus remarquables
de la ville d'Amiens, poétiquement traicté, par M. Adrian
de la Morlière. *Paris, Denys Moreau,* 1627, in-4, dem.-rel.
bas.

1157. Précis historique de la surprise d'Amiens par les Espagnols, le 11 mars 1597, et de la reprise par Henri IV le
25 septembre suivant, par Maurice Rivoire. *Amiens,* 1806,
in-8, cart. dem.-rel. mar. r. n. rog.

1158. ARRYERE BAN D'AMYENS pour les moys d'octobre et novembre mil Vc cinquante-sept. Très-gros in-fol. parch.

Manuscrit contenant de nombreux documents sur la Picardie et sur son
état financier en 1557. (*Fortes mouillures.*)

1159. Histoire de la ville de Laon et de ses institutions, par M. Melleville. *Laon,* 1846, 2 vol. in-8, fig. sur bois, br.

1160. Histoire monétaire de la province d'Artois et des seigneuries qui en dépendaient, par Alex. Hermand. *Saint-Omer, Chauvin,* 1843, in-8, fig. br.

1161. Chronique d'Arras et de Cambrai, par Balderic. *Paris, Levrault,* 1834, in-8, dem.-rel. mar. v.

1162. Relation du siége mémorable de la ville de Péronne en 1536, composée par le P. Pierre Fenier, publiée par M. le vicomte d'Auteuil. *Paris, Techener,* 1862, pet. in-8, br.

c. *Orléanais; Touraine; Nivernais; Berry.*

1163. Recueil de pièces sur la rivière de Loire. *Orléans,* 1639, in-8, vél.

1164. L'Orléanais. Histoire des ducs et du duché d'Orléans, par M. V. Philipon de la Madelaine, illustrée par MM. Baron, Français, C. Nanteuil, etc. *Paris, Mallet,* 1845, gr. in-8, fig. dem.-rel. v. f.

1165. Angerville-la-Gate (village royal), par E. Menault. *Paris, A. Aubry,* 1859, in-8, br.

1166. Histoire de la ville et du château de Dreux, par Mme Ph. Lemaitre. *Dreux,* 1850, in-8, fig. dem.-rel. v. bl.

1167. Histoire de Vendôme et de ses environs, rédigée par M. l'abbé Simon. *Vendôme, Henrion-Loiseau,* 1834, 3 vol. in-8, br.

1168. Histoire de Blois, par L. Bergevin et A. Dupré. *Blois, Dezairs,* 1846, 2 vol. in-8, dem.-rel. mar. v.

1169. La Touraine ancienne et moderne, par Stanislas Bellanger (de Tours), avec une préface de M. l'abbé Orsini, illustrée par MM. Th. Frère, Brevière, Lacoste, etc. *Paris, L. Mercier,* 1845, gr. in-8, fig. br.

1170. La Touraine ancienne et moderne, par Stanislas Bellanger, illustrée par MM. Th. Frère, Brevière, Lacoste, etc. *Paris, L. Mercier,* 1845, gr. in-8, fig. dem.-rel. mar. v. pl. toile, tr. dor.

1171. Histoire de Touraine depuis la conquête des Gaules par les Romains jusqu'à l'année 1790, par J.-L. Chalmel. *Paris, H. Fournier,* 1828, 4 vol. in-8, br.

1172. Le Nivernois, album historique et pittoresque publié par MM. Morellet, Barat, E. Bussière. *Nevers, E. Bussière,* 1838, 2 vol. in-4, dem.-rel.

1173. Mémoires pour servir à l'histoire civile, politique et littéraire, à la géographie et à la statistique du département de la Nièvre, par J. de La Rochelle et P. Gillet. *Bourges*, 1827, 3 vol. in-8, br.

1174. Nouvelle Histoire du Berry, par M. Pallet. *Paris, Monory*, 1783, 5 vol. in-8, br.

1175. Histoire du Berry depuis les temps les plus anciens jusqu'en 1789, par M. Louis Raynal. *Bourges*, 1845, 4 vol. in-8, blas. dem.-rel. mar. br.

1176. Description, d'après la teneur des chartres, du trésor, en reliquaires et joyaux d'or et d'argent, en ornements d'église et en livres, donné par Jean, duc de Berry, à la Sainte-Chapelle de Bourges, par M. Hiver de Beauvoir. *Bourges*, 1855, in-8, dem.-rel. v. f. n. rog.

d. Normandie.

1177. Itinéraire descriptif, historique et monumental des cinq départemens composant la Normandie, par M. Louis Du Bois. *Caen, Mancel*, 1828, 2 tom. en 1 vol. in-8, fig. cart. n. rog.

1178. Les Recherches et antiquitez de la province de Neustrie, à présent duché de Normandie, par Ch. de Bourgueville. *Caen, imp. de Jean le Feure*, 1588, in-8, bas.

1179. La Normandie, par M. Jules Janin, illustrée par MM. Morel-Fatio, Tellier, Gigoux, Daubigny, A. Johannot, etc. *Paris, Ern. Bourdin, s. d.*, gr. in-8, fig. dem.-rel. mar. viol. tr. dor.

1180. Blason populaire de la Normandie, par M. A. Canel. *Rouen, A. Lebrument*, 1859, 2 vol. in-8, br.

1181. Almanach de Normandie 1789, pet. in-12, mar. r. dent. tr. dor. (*Rel. anc.*)
Manque le titre.

1182. Histoire des grands panetiers de Normandie et du franc-fief de la grande paneterie, par le Mis de Belbeuf. *Paris, Dumoulin*, 1856, in-8, br.

1183. Lettres sur la ville de Rouen, ou précis de son histoire topographique, civile, ecclésiastique et politique depuis son origine jusqu'en 1826, par M. A. L..... de Rouen. *Rouen, E. Périaux*, 1826, in-8, br.

1184. Histoire des anciennes corporations d'arts et métiers et des confréries religieuses de la capitale de la Normandie, par Ch. Ouin-Lacroix. Dessins par G. Drouin. *Rouen*, 1850, in-8, br.

1185. Histoire des milices bourgeoises et de la garde nationale de Rouen, par H. Bouteiller. *Rouen, Ch. Haulard*, 1850,
in-8, br.

1186. Stalles de la cathédrale de Rouen, par E.-H. Langlois.
Rouen, 1838, in-8, fig. dem.-rel. mar. v.

1187. Notice sur l'incendie de la cathédrale de Rouen, occa-
sionné par la foudre, le 15 septembre 1822, par E.-H. Langlois. *Rouen*, 1823, in-8, fig. br.

1188. Notice sur l'incendie de la cathédrale de Rouen, par
E.-H. Langlois. *Rouen*, 1823, in-8, fig. dem.-rel. mar. v.,
tête dor. n. rog.

1189. Histoire de l'abbaye royale de Saint-Ouen de Rouen,
par F. François Pommeraye, religieux de la congrégation
de Saint-Maur. *Rouen, Richard Lallemant*, 1662, in-fol. fig.
v. gr.

1190. Le Palais de justice de Rouen, par M. de Stabeurath.
Rouen, Édet, 1842, in-8, fig. br.

1191. Essai historique et descriptif sur l'église et l'abbaye
de Saint-Georges-de-Rocherville, près Rouen, par Achille
Deville. *Rouen, imp. de Nicétas Périaux*, 1827, in-4, fig. br.

1192. Histoire de l'abbaye royale de Jumièges, par C.-A.
Deshayes. *Rouen, F. Baudry*, 1829, in-8, fig. dem.-rel.
mar. v.

1193. Essai historique et descriptif sur l'abbaye de Fonte-
nelle ou de Saint-Wandrille, et sur plusieurs autres monuments des environs, par E.-Hyacinthe Langlois. *Paris,
imp. de J. Tastu*, 1827, fig. par Mlle Espérance Langlois,
dem.-rel. mar. n.

1194. Histoire de la ville d'Aumale (Seine-Inférieure) et de
ses institutions depuis les temps anciens jusqu'à nos jours,
par Ern. Sémichon. *Paris, A. Aubry*, 1862, 2 vol. in-8, fig.
br.

1195. Le Havre, sous le gouvernement du duc de Saint-
Aignan (1719-1776). Étude historique, par A. Guislain-
Lemale. *Havre*, 1860, in-8, br.

1196. Histoire de la ville et de l'abbaye de Fécamp, par
Léon Fallue. *Rouen, imp. de Nicétas Périaux*, 1841, in-8,
pl. br.

1197. Histoire des comtes d'Eu, par L. Estancelin. *Dieppe*,
1828, in-8, lithogr. br.

1198. Robert de Floques, bailli d'Évreux et capitaine de
Conches, ou l'expulsion des Anglais de la Normandie, par
le Dr Semelaigne. *Paris, Jouaust*, 1872, pet. in-8, br.

1199. Notes sur l'histoire du département de la Manche, par
M. le Ch. Houel. *Caen, imp. de Poisson*, 1825, in-8, fig.
dem.-rel., dos et coins de mar. viol. tr. dor.

1200. Histoire du canton d'Athis (Orne) et de ses communes,
par M. le comte H. de la Ferrière-Percy. *Paris, A. Aubry*,
1858, in-8, fig. br.

1201. Notice sur le domaine d'Havrincourt, par le marquis
d'Havrincourt. *Paris*, 1868, in-8, pl. br.

e. Maine; Poitou; Bretagne.

1202. Le Maine et l'Anjou historiques, archéologiques et
pittoresques, par M. le baron de Wismes. *Nantes, s. d.*,
in-fol. en livr.

1203. Dictionnaire topographique, historique, généalogique
et bibliographique de la province et du diocèse du Maine,
par M. L. Paige. *Au Mans, Toutain*, 1777, 2 vol. in-8, bas.

1204. Essais historiques et littéraires sur la ci-devant province du Maine, par P. Renouard. *Au Mans*, 1811, in-12,
demi-rel. mar. br.

1205. Histoire complète de la province du Maine, par A. Le-
pelletier, de la Sarthe. *Paris, V. Palmé*, 1861, 2 vol. in-8,
portr. demi-rel. mar. v. n. rog.

1206. Mémoires des comtes du Maine, par Pierre Trouïllart,
sieur de Montferré. *Le Mans et Paris, J. Libert*, 1643, pet.
in-8, v. marbré.

1207. Les Martyrs du Maine, épisodes précieux de l'histoire
de l'Eglise pendant la Révolution française, par M. l'abbé
Th. Perrin. *Paris*, 1837, 2 vol. in-18, fig. br.

1208. Essai sur la statistique du département de la Sarthe,
par Th. Cauvin. *Au Mans*, 1834, in-12, cart.

1209. Essai sur la statistique de l'arrondissement du Mans,
départ. de la Sarthe, par Th. Cauvin. *Au Mans*, 1833,
in-12, br.

1210. Essai sur la statistique du département de la Sarthe,
par Th. Cauvin, avec le Supplément. *Au Mans, impr. de
Monnoyer*, 1834-37, 3 vol. in-12, br.

1211. Le Mans ancien et moderne et ses environs. *Au Mans,
Belon*, 1830, in-18, br.

1212. Les Vies des évesques du Mans, restituées et corrigées
avec plusieurs belles remarques sur la chronologie, par
Dom Jean Bondonnet. *Paris, Edme Martin*, 1651, in-4
vélin.

1213. Le Triomphe de sainte Scolastique sur les religion-
naires de la ville du Mans en 1562, par Fr. Bondonnet,
curé de Moulins. *Au Mans, J. Ysambart*, 1668, in-4, vél.

1214. Essai sur la statistique de l'arrondissement de la
Flèche, départ. de la Sarthe, par Th. Cauvin. *Au Mans*,
1831, in-12, br.

1215. Antiquités et Chroniques percheronnes, ou Recherches
sur l'histoire civile, religieuse, monumentale, politique et
littéraire de l'ancienne province du Perche et pays limi-
trophes, par L.-Joseph Fret. *Mortagne*, 1838-40, 3 vol.
in-8, portr. br.

1216. Histoire des comtes du Perche de la famille des Ro-
trou, de 943 à 1231, par M. O. Des Murs. *Nogent-le-Ro-
trou*, 1856, in-8, fig. demi-rel. mar. v.

1217. Histoire de Thouars, par Hugues Imbert. *Niort,
L. Clouzot*, 1871, in-8, br.

Extrait des Mémoires de la Société de statistique, sciences-et arts du département des Deux-Sèvres.

1218. La Bretagne ancienne et moderne, par Pitre-Chevalier,
illustrée par MM. A. Leleux, O. Penguilly, T. Johannot.
Paris, W. Coquebert, s. d., gr. in-8, fig. demi-rel. mar. v.

1219. Essai sur l'histoire, la langue et les institutions de la
Bretagne armoricaine, par Aurélien de Courson. *Paris, Le
Normant*, 1840, in-8, cart.

1220. Breiz-Izel, ou Vie des Bretons de l'Armorique, dessins
par Ol. Perrin, texte par M. Alex. Bouët. *Paris, B. Dusil-
lion*, 1844, 3 vol. in-8, demi-rel. v. v. (*Mouillé*.)

1221. Notice historique et statistique sur la baronnie, la ville
et l'arrondissement de Fougères, par MM. A. Bertin et
L. Maupillé. *Rennes, A. Marteville*, 1846, in-8, br.

1222. Mémoires pour l'inspecteur général du domaine de la
couronne (M. Freteau), sur la réunion à la couronne de la
baronie d'Avaugour, châtellenie de Clisson, etc. *Paris,
Impr. royale*, 1774, 3 vol. in-4, v. marbré.

1223. Nantes et la Loire-Inférieure, monuments anciens et
modernes, sites et costumes pittoresques, dessinés d'après
nature par F. Benoist. *Nantes, impr. de Charpentier*, 1850,
2 part. in-fol. fig. en livr.

f. *Champagne.*

1224. Histoire des ducs et comtes de Champagne, par H.
d'Arbois de Jubainville. *Paris, A. Aubry*, 1860-67, 7 vol.
in-8, br.

1225. Mémoires historiques et critiques pour l'histoire de Troyes (par Grosley). *Paris, veuve Duchesne*, 1774, in-8, v. marbré.

1226. Éphémérides de P.-J. Grosley, mises en ordre par L.-M. Patris-Debreuil. *Paris, Durand*, 1811, 2 vol. in-8, demi-rel. v. r.

1227. Histoire de la ville de Troyes et de la Champagne méridionale, par T. Boutiot. *Troyes, Dufey-Robert*, 1870, 2 vol. in-8, fig. br.

1228. La Chronique de Rains, publiée par L. Paris. *Paris, Techener*, 1837, in-8, cart.

1229. Essais historiques sur la ville de Reims. *Reims, Freman*, 1823, in-8, pap. vél. br.

1230. La Diablerie de Chaumont, ou Recherches historiques sur le Grand Pardon de cette ville et sur les bizarres cérémonies et représentations à personnages auxquelles cette cérémonie a donné lieu, par Em. Jolibois. *Chaumont, Miot*, 1838, in-8, br.

1231. Précis de l'histoire de Langres, par S. Migneret. *Langres, Dejussieu*, 1835, in-8, br.

1232. Antiquités de Langres, par J.-F.-O. Luquet, architecte. *Langres, Dejussieu*, 1838, in-8.

1233. Recherches historiques et statistiques sur les principales communes de l'arrondissement de Langres (par M. Luguet, architecte). *Langres*, 1836, in-8, demi-rel. bas.

1234. Description du gouvernement de Bourgogne, suivant ses principales divisions temporelles, ecclésiastiques, militaires et civiles, par le sieur Garreau. *Dijon, A. de Fay*, 1734, in-8, v. marbré.

g. *Bourgogne; Franche-Comté; Lyonnais.*

1235. Éclaircissements de plusieurs points de l'histoire ancienne de France et de Bourgogne, ou Lettres critiques à M*** (par Dom Jourdain, bénédictin). *Liége et Paris, Desprez*, 1774, in-8, br.

1236. Essais historiques et biographiques sur Dijon, par Cl.-Xav. Girault. *Dijon, V. Lagier*, 1814, in-12, fig. br.

1237. Histoire de la fondation des hôpitaux du Saint-Esprit de Rome et de Dijon, représentée en vingt-deux sujets gravés d'après les miniatures d'un manuscrit de la bibliothèque de Dijon, accompagnée d'une description et d'un précis chronologique, par M. G. Peignot. *S. l. n. d.*, in-4, cart. n. rog.

1238. Histoire d'Hélène Gillet, ou Relation d'un événement extraordinaire et tragique survenu à Dijon dans le xviie siècle (par G. Peignot). *Dijon*, *V. Lagier*, 1829, in-8 de 60 pp. br.

1239. Histoire de la ville d'Auxerre, par M. Chardon. *Auxerre*, 1834, 2 vol. in-8, carte, demi-rel. v. br.

1240. Règlement général des péages qui se lèvent le long de la rivière de Saône, tant par eau que par terre, suivant les édits, déclarations et arrests du conseil de Sa Majesté. *Lyon, chez Ant. Jullieron*, 1672, in-12, bas.

1241. Histoire de la Franche-Comté ancienne et moderne, précédée d'une description de cette province, par Eug. Rougebief. *Paris, Ch. Stévenard*, 1851, gr. in-8, portr. et blas. demi-rel. mar. r.

1242. Traditions populaires de Franche-Comté, poésies suivies de notes par Aug. Demesmay, vignettes par Ch. Marville. *Paris, Eug. Renduel*, 1838, in-8, br.

1243. Histoire de frère Jacques, lithotomiste de Franche-Comté, par M. Vacher. *Besançon, impr. de Cl.-Jos. Daclin*, 1756, pet. in-12, mar. r. fil. tr. dor. (*Rel. anc.*)

1244. Histoire généalogique des sires de Salins au comté de Bourgogne, avec des notes historiques et généalogiques sur l'ancienne noblesse de cette province, par M. J.-B. Guillaume. *Besançon, J.-Ant. Vieille, s. d.* (xviiie siècle); 2 part. en 1 vol. in-4, demi-rel. dos et coins de mar. v. fil. dos orné, tête dor. non rog.

1245. Histoire de Gigny, au département du Jura, de sa noble et royale abbaye et de saint Taurin, son patron, suivie de pièces justificatives, par B. Gaspard. *Lons-le-Saulnier*, 1843, in-8, br.

1246. Les Soirées jurassiennes, ou Épisodes de l'histoire de la Franche-Comté, par Emm. Bousson de Mairet. *Paris, Dumoulin*, 1858, in-8, br.

1247. Description de la ville de Lyon, avec des recherches sur les hommes célèbres qu'elle a produits. *Lyon*, 1741, in-12, has.

1248. Les Divers Caractères des ouvrages historiques, avec le plan d'une nouvelle histoire de la ville de Lyon, par le P. Cl.-Fr. Menestrier. *Lyon, N. Deville*, 1694, in-12, bas.

1249. Recherches pour servir à l'histoire de Lyon, ou les Lyonnois dignes de mémoire. *Lyon, Duplain*, 1757, 2 vol. pet. in-8, cart.

1250. Le Livre d'or du Lyonnais, du Forez et du Beaujolais. *Lyon*, 1863, in-8, pap. vél. demi-rel. dos et coins de mar. v. tête dor. n. rog.

1251. Recueil des priviléges, authoritez, pouvoirs, franchises et exemptions des Prevost des Marchands, eschevins et habitans de la ville de Lyon, avec les arrests de vérification d'iceux. *Lyon, Guil. Barbier*, 1649, in-4, vél.

1252. L'Accueil de madame de La Guiche, à Lyon, le lundy 27 avril 1598, publié par M. P. Allut. *Lyon, N. Scheuring*, 1861, pet. in-8, br.

Tiré à cent exemplaires.

1253. Considérations sur la salubrité de l'Hôtel-Dieu et de l'hospice de la Charité de Lyon, par le docteur baron de Polinière. *Lyon, impr. de L. Perrin*, 1853, in-8, pl. br.

1254. Recherche des antiquités et curiosités de la ville de Lyon, par Jacob Spon. *Lyon, impr. de L. Perrin*, 1857, in-8, pap. teinté, fig. cart. n. rog.

1255. Recherches historiques et archéologiques sur l'église de Brou, par J. Baux. *Paris, Techener, s. d.*, in-8, fig, cart. n. rog.

b. Angoumois; Périgord; Auvergne; etc.

1256. Statistique monumentale de la Charente, par J.-H. Michon. *Paris, Derache*, 1844, in-4, pl. demi-rel. mar. r.

1257. Mémoire sur l'Angoumois, par Jean Gervais, publié par G. Babinet de Rencogne. *Paris, A. Aubry*, 1864, pap. vél. br.

Tiré à 120 exemplaires.

1258. Le Périgord illustré, guide monumental, statistique, pitoresque et historique de la Dordogne, par M. l'abbé Audierne. *Périgueux*, 1851, in-8, fig. br.

1259. Statistique géologique et minéralurgique du département de l'Allier, par M. C. Boulanger. *Moulins*, 1844, in-8, br.

1260. Cartulaire de Sauxillanges, publié avec des notes et des tables, par Henry Doniol. *Clermont-Ferrand, Thibaud*, 1864, in-4, br.

1261. Mémoires historiques sur Annonay et le Haut-Vivarais, par M.-A. Poncer jeune. *Annonay*, 1835, 2 vol. in-8, br.

1262. Esquisse géologique du département de l'Aveyron, par M. Ad. Boisse. *Paris, Impr. nationale*, 1870, in-8, fig. br.

1263. Revue d'Aquitaine, journal historique de Guienne, Gascogne, Béarn, Navarre, etc. *Gondom, 1857-62*, tom. 1 à 8, in-8, br.

1264. Histoire de la ville de Bordeaux, par Dom Devienne. *Bordeaux*, 1771, 1ʳᵉ partie (seule publiée), in-4, portr. br.

1265. Histoire politique, religieuse et littéraire des Landes, par P.-H. Dorgan. *Auch*, 1846, in-8, fig. br.

1266. Histoire des comtes de Foix de la première race, par M. Hippolyte Gaucheraud. *Paris, A. Levavasseur,* 1834, in-8, br.

1267. Histoire des Basques, depuis leur établissement dans les Pyrénées occidentales jusqu'à nos jours, par Aug. Chaho. *Bayonne, 1847*, 3 vol. in-8, br.

1268. Description des principales villes de l'Europe. Nîmes, par D. Nisard. *Paris, Desenne,* 1835, in-4, fig. demi-rel. dos et coins de mar. viol. tête dor. n. rog.

1269. Documents historiques sur la province de Gévaudan, par M. Gustave de Burdin. *Toulouse,* 1846, 2 vol. in-8, br.

1270. Histoire de l'église de Nîmes, par M. A. Germain. *Nîmes, Giraud,* 1838, 2 vol. in-8, br.

1271. Histoire de la Commune de Montpellier, par A. Germain. *Montpellier*, 1851, 3 vol. in-8, br.

1272. Note sur Benoet du Lac, ou le Théâtre et la Bazoche, à Aix, à la fin du xvıᵉ siècle, par A. Joly. *Lyon, N. Scheuring*, 1862, in-8, pap. jaune, br.

1273. Monuments de sculpture, peinture, architecture, etc., de l'ancien Comtat Venaissin et des villes circonvoisines, dessinés sur les lieux par A. Frary, architecte. *Paris, Carillan-Gœury, s. d.,* in-4, br.

1274. L'Auguste Piété de la maison de Bourbon, sujet de l'appareil fait à Avignon pour la réception de Monseigneur le duc de Bourgogne et de Monseigneur le duc de Berry, par le P. J.-J. Boutous. *Avignon, Fr.-Sébast. Offray,* 1701, pet. in-fol. fig. sur bois, vél.

1275. Histoire de la ville d'Orange et de ses antiquités, par M. de Gasparin. *Orange, J. Bouchony,* 1815, in-12, plan, br.

1276. L'Histoire de la sainte Église de Vienne, par M. de Maupertuy. *Lyon, J. Certe*, 1708, in-4, v. gr.

1277. Description de la Lorraine et du Barrois, par M. Durival l'aîné. *Nancy, veuve Leclerc,* 1778, 2 vol. in-8, cartes, demi-rel. bas.

1278. Tableau alphabétique des villes, bourgs, villages et hameaux de Lorraine en Barrois. *S. l.,* 1749, in-8, v. marbr.

1279. Lettres d'un citoyen à un magistrat sur les raisons qui doivent affranchir le commerce des duchés de Lorraine et de Bar, du tarif général projeté pour le royaume de France (par Coster). *S. l.,* 1762, in-8, mar. r. dent. dos orné, tr. dor. (*Rel. anc.*)

La dentelle de la reliure est formée de feuillages et de doubles croix, alternant avec des fleurs de lis.

1280. Nancy, histoire et tableau, par P.-G. Dumast. *Nancy, Vagner,* 1847, in-8, fig. demi-rel. bas.

1281. Dissertation sur l'établissement de l'abbaye de Saint-Claude. *S. l.,* 1772, in-8, br.

1282. Histoire des sciences, des lettres, des arts et de la civilisation dans le pays Messin, depuis les Gaulois jusqu'à nos jours, par E.-A. Bégin. *Metz, Verronnais,* 1829, in-8, br.

1283. Les Antiquités de Metz, ou recherches sur l'origine des Médiomatriciens, leur premier établissement dans les Gaules, leurs mœurs, leur religion. *Metz, J. Collignon,* 1760, in-8, br.

1284. Études numismatiques sur une partie du nord-est de la France, par C. Robert. *Metz, impr. de Nouviau,* 1852, in-4, fig. br.

1285. Recherches sur les monnaies et les jetons des maîtres-échevins, et description de jetons divers, par Ch. Robert. *Metz, impr. de Nouviau,* 1853, in-4, fig. br.

1286. Histoire de la cathédrale de Metz, par E.-A. Bégin. *Metz, Verronnais,* 1842, 2 vol. fig. br.

1287. Notices historiques, statistiques et littéraires sur la ville de Strasbourg, par J.-Fr. Hermann. *Strasbourg, Levrault,* 1819, 2 vol. in-8, demi-rel. v. f.

3. *Histoire des Pays-Bas.*

1288. Les Chroniques et Annales de Flandre, de l'an 620 à l'an 1476, par Pierre d'Oudegherst. *Imprimé en Anvers, par*

Jehan Withage, aux despens et des characteres de Christofle Plantin, l'an 1521, in-4, vél. (*Mouillures et taches.*)

1289. La Flandre illustrée par l'institution de la Chambre du roi à Lille, l'an 1385, par Philippe le Hardi, duc de Bourgogne, par M. Jean de Seur. *Lille*, 1713, pet. in-8, v. gr.

1290. Extraits analytiques des anciens registres des Cousaux de la ville de Tournai, 1385-1422, publiés par H. Vandenbroeck. *Tournai*, 1861, 2 vol. in-8, br.

1291. Étude sur les principaux monuments de Tournai, par B. du Mortier. *Tournai*, 1862, in-8, fig. demi-rel. mar. v.

1292. Recueil de plusieurs placarts fort utiles au païs de Haynau, et qui conduisent à l'éclaircissement de plusieurs chartes dudit païs. *Mons, impr. de La Roche*, 1701, in-4, v. gr.

1293. Histoire abrégée de la ville et province d'Utrecht, avec une connoissance ébauchée de la noblesse de cette province. *Utrecht, Guil. Meester*, 1713, in-12, fig. v. gr.

1294. Marie de Médicis entrant dans Amsterdam, ou histoire de la réception faicte à la reyne mère, par les bourgmestres et bourgeoisie de la ville d'Amsterdam, traduite du latin de Gaspar Barleus. *Amsterdam, J. et C. Blaeu*, 1638, in-fol. fig. v. gr. fil.

4. *Savoie, Suisse, Italie, etc.*

1295. Chronique de Savoye, par maistre Guillaume Paradin, chanoine de Beauieu. *Lyon, Jean de Tournes*, 1552, in-4, v. ant.

1296. Inclytorum Saxoniæ ac Sabaudiæ principum arbor gentilitia, Philiberto Pingonio authore. *Augustæ Taurinorum, in off. Nicolai Beuiaquæ*, 1581, pet. in-fol. fig. vél.

1297. L'Histoire d'Emmanuel-Philibert, duc de Savoie, gouverneur général des Pays-Bas. *Amsterdam, Jacques Le Noir*, 1693, pet. in-12, br.

1298. Notice historico-topographique sur la Savoie, suivie d'une généalogie raisonnée de la maison royale de ce nom. *Chambéry, J. Lullin*, 1787, in-8, br.

1299. Histoire du Sénat de Savoie et des autres compagnies judiciaires de la même province, par Eug. Burnier. *Chambéry*, 1864, in-8, br.

1300. La République des Suisses, descrite en latin, par Josias Simler, de Zurich. *Paris, Jacques du Puys*, 1579, pet. in-8, fig. v. marbr.

1301. Portraits des hommes illustres de la Suisse, gravés par
H. Pfeminger, et accompagnés de la vie de chacun d'eux,
taaduit de l'allemand de M. le professeur Meister. *Zurich*,
1792, in-8, cart. n. rog.

1302. Sismondi, Hitoire des républiques italiennes. *Paris*,
Furne, 1840, 10 vol. in-8, d.-rel. mar. tr. dor. fig.

1303. Histoire du gouvernement de Venise, par le sieur
Amelot de la Houssaie. *Paris*, *Fr. Léonard*, 1676, in-8, v.
gr.

1304. Petri Bembi cardinalis Historiæ venetæ libri XII. *Vene-*
tiis, apud Aldi filios, 1551, in-fol. v. ant. dent.

1305. Histoire de la République de Venise, par M. Léon Ga-
libert. *Paris, Furne*, 1854, gr. in-8, fig. br.

1306. Histoire de la Conjuration des Espagnols contre la république de Venise, par Saint-Réal. *Paris, Ant.-Aug.*
Renouard, 1795, in-4, pap. vél. cart. n. rog.

1307. Sac de Rome, écrit en 1527 par Jacques Bonaparte,
témoin oculaire, traduction de l'italien par N. L. B. *Flo-*
rence, 1830, in-8, fig. br.

1308. Bibliotheca scriptorum qui res in Sicilia gestas sub
Aragonum imperio retulere ; eam uti accessionem ad his-
toricam bibliothecam Carusii, instruxit, adornavit atque edidit
Rosarius Gregorio. *Panormi, ex regio typographeo*, 1792 ;
2 vol. in-fol. gr. pap. fort, br.

« Recueil important, dont une partie a péri dans un incendie. » *Brunet*.

1309. Histoire des Osmanlis et de la monarchie espagnole
pendant les xvie et xviie siècles, traduite de l'allemand de
M. Léopold Ranke et accompagnée de notes, par M. J.-B. Hai-
ber. *Paris, Debecourt*, 1839, in-8, br.

5. *Grande-Bretagne.*

1310. Histoire d'Angleterre, par David Hume. *Paris, Furne*,
1839-40, 13 vol. in-8, portr. et fig. demi-rel. v. f.

1311. Histoire d'Angleterre jusqu'au traité de Paris, en 1814,
représentée par figures gravées par F.-A. David, accompagnée d'un précis historique, par Ant. Caillot. *Paris*, 1818 ;
in-8, cart. n. rog.

1312. Lettres de Henri VIII à Anne Boleyn, publiées par
G.-A. Craplet. *Paris, impr. de Crapelet*, 1835, gr. in-8,
pap. vél. portr. cart. n. rog.

1313. L'État présent de la Grande-Bretagne, après son heureuse union, en 1707, par Guy Miège. *Amsterdam*, 1708, 2 vol. pet. in-8, portr. et cart. v. f.

1314. Réminiscences d'Horace Walpole, ou histoire anecdotique de la cour d'Angleterre pendant les règnes de Georges Ier et Georges II. *Paris*, 1826, in-18, br.

1315. A New History of London including Westminster and Southwark, by John Noorthouck. *London*, 1773, in-4, fig. et cartes, v. ant. fil.

1316. Les Écossais en France, les Français en Écosse, par Francisque-Michel. *Londres, Trubner*, 1862, 2 vol. in-8, blas. br.

1317. Marie Stuart et le comte de Bothwell, par L. Wiesener. *Paris, L. Hachette*, , 1863, in-8, demi-rel. dos et coins de mar. bl. tête dor. n. rog.

1318. Nouveau Répertoire des lettres, instructions et autres pièces de Marie Stuart. *Paris, Didot*, 1839, in-8. br. — Notice sur la collection des portraits de Marie Stuart, appartenant au prince Labanoff. *Saint-Pétersbourg*, 1860, gr. in-8, br.

6. *Allemagne, Suède, Russie.*

1319. Caroli Carafa, episcopi Aversani, Commentaria de Germania sacra restaurata sub summis PP. Gregorio XV et S. D. N. Urbano VIII, regnante Ferdinando secundo. *Coloniæ Agrippinæ, apud Corn. ab Egmond*, 1639, pet. in-8, v. f.

Aux troisièmes armes de J.-Aug. DE THOU.

1320. Mémoires historiques relatifs à une mission à la cour de Vienne en 1806, par sir Robert Adair, avec un choix de ses dépêches, traduits par Octave Delepierre. *Bruxelles*, 1845, in-8, demi-rel. bas.

1321. L'Été à Bade, par M. Eugène Guinot, illustré par MM. T. Johannot, Eug. Lam, etc. *Paris, Furne, s. d.*, gr. in-8, fig. color. demi-rel. mar. n. tr. dor.

1322. Obermayr. Historische Nachricht von Bayerischen Münzen. *Frankfurt*, 1763, in-4, figures de monnaies.

1323. Déduction concernant les droits de succession et de substitution de la sérénissime maison électorale de Bavière aux royaumes de Hongrie et de Bohême. *Munich*, 1741, in-fol. cart.

1324. Mémoires concernant Christine, reine de Suède, pour servir d'éclaircissement à l'histoire de son règne, et principalement de sa vie privée, etc. *Amsterdam, P. Mortier,* 1751, 2 vol. in-4, portr. v. marbr.

1325. Recueil de quelques pièces curieuses servant à l'esclaircissement de l'histoire de la vie de la reyne Christine ; ensemble plusieurs voyages qu'elle a faits. *Cologne, Pierre du Marteau (à la Sphère),* 1669, pet. in-12 de 154 pages, mar. r. fil. dos orné, tr. dor. (*Titre raccommodé et quelques taches.*)

1326. Histoire du règne de Charles-Gustave, roy de Suède, traduite en françois sur le latin de M. le baron Samuel de Puffendorf. *Nuremberg, Christ. Riegel,* 1697, 2 vol. in-fol. fig. et pl. v. gr.

1327. Histoire de Charles XII, roi de Suède, par Voltaire. *Paris, impr. de P. Didot l'aîné,* 1817, in-8, portr. v. v. dent. tr. dor.

1328. Karamsin. Histoire de Russie. *Paris,* 1819, 11 vol. in-8, demi-rel. v.

1329. La Russie ancienne et moderne, d'après les chroniques nationales et les meilleurs historiens, par MM. Ch. Romey et Alf. Jacobs. *Paris, Furne,* 1855, gr. in-8, fig. br.

1330. Les Mystères de la Russie, tableau politique et moral de l'empire russe, par M. Frédéric Lacroix. *Paris, Pagnerre,,* 1845, gr. in-8, fig. br.

7. *Empire Ottoman et Asie.*

1331. Journal de la campagne que le grand vizir Ali Pacha a faite en 1715 pour la conquête de la Morée, par Benj. Bruc. *Paris, Ern. Thorin,* 1870, pet. in-8, br.

1332. Description exacte des Isles de l'Archipel et de quelques autres adjacentes, traduite du flamand d'O. Dapper. *Amsterdam, G. Gallet,* 1703, in-fol. fig. v. gr.

1333. La Syrie, l'Égypte, la Palestine et la Judée, par MM. le baron Taylor et L. Reybaud. *Paris,* 1839, 2 vol. in-4, fig. demi-rel. mar. n.

1334. Amœnitatum exoticarum politico-physico-medicarum fasciculi V, quibus continentur variæ relationes, observationes et descriptiones rerum Persicarum et ulterioris Asiæ... auctore Engelberto Kæmpfero. *Lemgoviæ, typ. et impensis Henr. Wilhelmi Meyeri,* 1712, gros in-4, nombr. fig. vél. blanc orné.

Livre curieux et assez rare.

1335. Les Beautez de la Perse, par le sieur A. D. D. V.
(A. Daulier-Deslandes). *Paris, Gervais Clouzier,* 1673, in-4,
fig. v. gr.

1336. Histoire de Timur-Bec, connu sous le nom du grand
Tamerlan, empereur des Mogols et Tartares, écrite en per-
san, par Cherefeddin Ali, natif d'Yezd, trad. en françois par
M. Petis de La Croix. *Delf, Reinier Boitel,* 1723, 4 tomes
en 2 vol. in-12, cartes, demi-rel. n. rog.

1337. Histoire des découvertes et conquestes des Portugais
dans le nouveau monde, par le R. P. Joseph-François Lafitau. *Paris, Saugrain,* 1733-34, 1 vol. in-12, fig. v. gr.

1338. Histoire des découvertes et conquestes des Portugais
dans le nouveau monde, par le R. P. Joseph-Fr. Lafitau.
Paris, Saugrain, 1734, 4 vol. in-12, fig. v. gr.

1339. Histoire de la Conquête des Isles Moluques par les
Espagnols, les Portugais et les Hollandois, traduit de l'espagnol d'Argensola. *Amsterdam, J. Desbordes,* 1706, 3 vol.
in-12, fig. et cartes, v. f.

8. *Afrique et Amérique.*

1340. Histoire de l'isthme de Suez, par Olivier Ritt. *Paris,
L. Hachette,* 1869, in-8, portr. et cartes. br.

1341. Histoire des Berbères et des dynasties musulmanes de
l'Afrique septentrionale, par Ibn-Khaldoun, trad. de l'arabe
par M. le baron de Slane. *Alger,* 1852, 4 vol. in-8, br.

1342. Essais sur les Isles Fortunées et l'antique Atlantide,
ou précis de l'histoire générale de l'archipel des Canaries,
par J.-B.-G.-M. Bory de Saint-Vincent. *Paris, Baudouin,*
an XI, in-4, papier vélin, cartes et planches, v. br. dent tr.
dor. (*Lesné.*)

1343. Christophe Colomb et la découverte du nouveau
monde, par M. le marquis de Belloy, compositions et gravures par Léopold Flameng. *Paris, Eugène Ducrocq*
(1865), in-4, portr. et fig., br.

1344. Mœurs des sauvages américains, comparées aux
mœurs des premiers temps, par le P. Lafitau. *Paris, Saugrain,* 1724, 4 vol. in-12, fig. demi-rel. vél.

1345. Histoire de la Nouvelle-France, contenant les naviga-
tions, découvertes et habitations faites par les François ès
Indes occidentales et Nouvelle-France, par Marc Lescarbot.
Paris, Tross, 1866, 3 vol. in-8, cartes, br.

1346. Histoire de la Colonie française en Canada. *Villemarie,* 1865, 3 vol. gr. in-8, portr. br.

1347. Histoire de la conquête de la Floride, par Ferdinand de Soto, traduit en françois par le sieur Pierre Richelet. *Leide, P. Vander,* 1731, 2 vol. pet. in-8, fig. v. gr.

1348. Recueil complet des traités, conventions, capitulations, armistices et autres actes diplomatiques de tous les États de l'Amérique latine, depuis l'année 1493 jusqu'à nos jours, par M. Ch. Calvo. *Paris, A. Durand,* 1862, 5 vol. in-8, demi-rel. mar. r. pl. toile tr. dor.

1349. État des finances de Saint-Domingue, par M. Barbé de Marbois. *Au Port-au-Prince,* 1789, in-4, bas.

1350. État des finances de Saint-Domingue, par M. le chevalier de Proisy. *Paris, Impr. royale,* 1790, in-4, v. rac.

1351. Histoire des aventuriers, flibustiers, qui se sont signalés dans les Indes, par Alex.-Olivier Œxmelin. *Trévoux,* 1775, 4 vol. in-12, fig. et cartes, v. gr.

VI. HISTOIRE DE LA CHEVALERIE ET DE LA NOBLESSE.

1. *Ancienne chevalerie. — Ordres de chevalerie.*

1352. Dissertations historiques et critiques sur la chevalerie ancienne et moderne, séculière et régulière, avec des notes par le R. P. Honoré de Sainte-Marie. *Paris, Nicolas Pepie,* 1718, in-4, fig. v. marbr.

1353. Mémoires sur l'ancienne chevalerie considérée comme un établissement politique et militaire, par M. de La Curne de Sainte-Palaye. *Paris, Duchesne,* 1759, 3 vol. in-12, v. marbr. fil. tr. dor.

1354. Mémoires sur l'ancienne chevalerie, par La Curne de Sainte-Palaye, avec des notes par M. Ch. Nodier. *Paris, Girard,* 1826, 2 vol. in-8, fig. br.

1355. Mémoires sur l'ancienne chevalerie, par La Curne de Sainte-Palaye, avec des notes par M. Ch. Nodier. *Paris, Girard,* 1826, 2 vol. in-8, demi-rel. v. f.

1356. Du Duel, considéré sous le rapport de la morale, de l'histoire, de la législation et de l'opportunité d'une loi répressive, par Ch. Bataillard. *Paris, Lecointe,* 1829, in-8, broché.

1357. Collection historique des ordres de chevalerie civils et militaires existant chez les différens peuples du monde, par

A.-M. Perrot. *Paris, Aimé André*, 1820. — Supplément, 1846. 2 vol. in-4, fig. color. br.

1358. Abrégé chronologique de l'histoire des ordres de che-valerie, par Et. Dambreville. *Paris, Hacquart*, 1807, in-8, fig. demi-rel. v. f.

1359. Histoire des ordres de chevalerie et des distinctions honorifiques en France, par F.-F. Stenackers. *Paris, A. La-croix*, 1867, in-4. fig. color. br.

1360. Code des ordres de chevalerie du royaume. *Paris, Belin Le Prieur*, 1819, in-8, br.

1361. Les Statuts de l'ordre du Saint-Esprit, estably par Henry IIIe du nom, roy de Franee et de Pologne. *Paris, Impr. royale*, 1703, in-4, v. gr.

1362. L'Ordre du Saint-Esprit aux xviiie et xixe siècles. Notes historiques et biographiques sur les membres de cet ordre, par Félix Panhard. *Paris, J.-B. Dumoulin*, 1808, in-8, pap. de Holl. br.

Tiré à 150 exemplaires.

1363. Mémoires historiques concernant l'ordre royal et mili-taire de Saint-Louis et l'institution du Mérite militaire. *Paris, Impr. royale*, 1785, in-4, v. marbr.

2. *Histoire de la noblesse. — Art des blasons armoriaux de la noblesse.*

1364. Tituli honorum, autore Joanne Seldeno, juxta editio-nem tertiam Londinensem anni 1672, cui accessisse dicun-tur Seldeni emendationes et addimenta, latine vertit no-tasque addidit Simon Joh. Arnold. *Francofurti, impensis Jeremiæ Schrey et Henr. Joh. Meyeri*, 1696, in-4, portr. et fig. vél.

Ouvrare très-curieux et très-estimé. Bon exemplaire.

1365. Traité de la noblesse et de toutes ses différentes es-pèces, par M. de La Roque. *Rouen, P. Le Boucher*, 1734, in-4, v. gr.

1366. Traité de l'origine des noms et des surnoms, par G.-A. de La Roque. *Paris, Est. Michallet*, 1681, in-12, v. gr.

1367. Des Distinctions honorifiques et de la Particule, par H. Beaune. *Paris*, 1863, in-18, br.

1368. Traité des marques nationales, par M. Beneton de Morange de Peyrins. *Paris, Le Mercier*, 1739, in-12, v. gr.

1369. Des Usurpations de titres nobiliaires, au double point de vue de l'histoire et du droit pénal, par le vicomte Robert d'E***. *Paris, Dentu,* 1858, in-12, br.

1370. Remarques sur la noblesse, par M. Maugard. *Paris, Lamy,* 1788, in-8, demi-rel. mar. n. n. rog.

1371. Code de la noblesse frauçaise, par le comte P. de Sémainville. *Paris,* 1860, in-8, br.

1372. Maximes sur lesquelles la Chambre establye pour la reformation de la noblesse en la province de Bretagne a rendu ses arrestz. — Recueil et Annotations des arrests donnés dans la Chambre de la reformation de la noblesse. 1668-1670, In-fol. parch.

Manuscrit du temps, contenant environ 700 pages. Il est incomplet de quelques feuillets. Les annotations, et entre autres le mot *bon*, qui se trouve répété en regard du plus grand nombre des noms et explications des armoiries, sont d'une écriture plus récente. Au commencement se trouve une table alphabétique des noms de familles.

1373. Légendaire de la noblesse de France, par le comte O. de Bessas de la Mégie. *Paris,* 1865, gr. in-8, br.

1374. Essais sur la noblesse de France, contenant une dissertation sur son origine et abaissement, par M. le comte de Boullainvilliers. *Amsterdam,* 1732, pet. in-8, v. gr.

1375. Origine de la noblesse françoise depuis l'établissement de la monarchie, par M. le vicomte D*** (Alès de Corbet). *Paris, Guil. Desprez,* 1766, in-12, v. gr.

1376. Histoire de l'origine et des institutions de la noblesse de France, par M. Cohen de Vinkenhoef. *Paris, Dumoulin,* 1856, gr. in-8, br.

1377. Les Nobles et les Vilains du temps passé, ou Recherches critiques sur la noblesse et les usurpations nobiliaires, par Alph. Chassant. *Paris, A. Aubry,* 1857, petit in-8, br.

1378. Histoire critique de la noblesse, par J.-A. Dulaure. *Paris, Guillot,* 1790, in-8, br.

1379. Mémoire pour la noblesse de France, contre les ducs et pairs. *S. l. n. d.,* in-12, v. gr.

1380. De la Noblesse féodale et de la Noblesse nationale, par M***. *Paris, Plancher,* 1817, in-8, br.

1381. La Noblesse de France aux Croisades, publié par P. Roger. *Paris, Derache,* 1845, gr. in-8, fig. sur chine, demi-rel. mar. bl.

1382. Les Diverses Espèces de noblesse et les Manières d'en dresser les preuves, par le R. P. Menestrier. *Paris, Th. Amaulry,* 1681, in-12, blas. bas.

1383. Dictionnaire héraldique, contenant tout ce qui a rapport à la science du blason, avec l'explication des termes, leurs étymologies et les exemples nécessaires pour leur intelligence, par M. G. D. L. T*** (Gastelier de La Tour). *Paris, Lacombe*, 1774, pet. in-8, bas.

1384. Dictionnaire du blason. *S. l. n. d.*, in-4, blas. demi-rel. ma. r. n. rog.

1385. Le Trophée d'armes héraldiques, ou la Science du blason (par Jean Roger de Prades); quatriesme édition, reveue, corrigée et augmentée. *Paris, veuve Nicolas de la Coste*, 1672, in-4, blas. cart.

1386. Le Véritable Art du blason et l'Origine des armoiries, par le R. P. Cl.-François Menestrier. *Lyon, Benoist Coral*, 1672, blas. v. gr.

1387. Jeu d'armoiries des souverains et États d'Europe, pour apprendre le blason, la géographie et l'histoire curieuse, par C. Oronce Finé. *Lyon, B. Coral. s. d.*, pet. in-12, fig. bas.

1388. Jeu de cartes du blason (par le P. Menestrier). *Lyon, Thomas Amaulry*, 1692, pet. in-12, v. gr.

1389. L'Art héraldique, contenant la manière d'apprendre facilement le blason, par M. Baron. *Paris, Ch. Osmont*, 1678, pet. in-12, blas. v. f. fil.

1390. L'Art du blason justifié, ou les preuves du véritable art du blason, par le P. C.-Fr. Menestrier. *Lyon, Benoist Coral*, 1661, in-12, blas. vél.

1391. Le Véritable Art du blason et la Pratique des armoiries depuis leur institution, par le P. C.-Fr. Menestrier. *Lyon, Th. Amaulry, s. d.*, in-12, blas. demi-rel. v. r.

1392. Les Recherches du blason; seconde partie. De l'Usage des armoiries. *Paris, Est. Michallet*, 1673, pet. in-12, fig. demi-rel. mar. v.

1393. Abrégé méthodique des principes héraldiques, ou du Véritable Art du blason, par le P. C.-Fr. Menestrier. *Lyon, veuve de Benoist Coral*, 1673, in-12, blas. v. gr.

1394. La Méthode royale, facile et historique du blason, avec l'origine des armes des plus illustres États et familles de l'Europe (par le **P.** Menestrier). *Paris, Ch. de Sercy*, 1671, in-12, blas. vél.

1395. La Nouvelle Méthode raisonnée du blason pour l'apprendre d'une manière aisée, par le P. C.-F. Menestrier. *Lyon, les frères Bruyset*, 1750, in-12, blas. bas.

1396. Nouvelle Méthode raisonnée du blason, ou l'Art héraldique, du P. Menestrier. *Lyon, P. Bruyset-Ponthus*, 1770, in-8, blas. v. marbr.

1397. Nouvelle Méthode raisonnée du blason, ou de l'Art héraldique. *Lyon, P. Bruyset-Ponthus*, 1780, in-8, blas. demi-rel. vél.

1398. Manuel héraldique, ou Clef de l'art du blason, par L. F.-D. *Limoges, Bargeas*, 1816, in-8, blas. demi-rel. bas.

1399. Nouveau Traité historique et archéologique de la vraie et parfaite science des armoiries, par M. le marquis de Magny (Claude Drigon). *Paris, A. Aubry*, 1856, 2 vol. in-4, blas. color. demi-rel. mar. n.

1400. La Science du blason, accompagnée d'un armorial général des familles nobles de l'Europe, publiée par le vicomte de Magny. *Paris, A. Aubry*, 1858, gr. in-8, blas. demi-rel. mar. v.

1401. La Science du blason, accompagnée d'un armorial général des familles nobles de l'Europe, publiée par M. le vicomte de Magny. *Paris, A. Aubry*, 1860, gr. in-8, blas. br.

1402. Armorial universel, contenant les armes des principales maisons, estatz et dignitez des plus considérables royaumes de l'Europe, par C. Segoing. *Paris, Hubert Jailliot*, 1679, in-fol. blas. demi-rel. bas. (*Les premiers feuillets sont en mauvais état.*)

1403. Armorial universel, précédé d'un Traité complet de la science du blason, et suivi d'un Supplément, par M. Jouffroy d'Eschavannes. *Paris, L. Curmer*, 1844, 2 vol. gr. in-8, blas. color.

1404. Armorial général de la France (par d'Hozier). *Paris, Impr. royale*, 1821, 2 vol. in-4, bas. bl.

1405. Armorial général d'Hozier, ou Registres de la noblesse de France, continués par M. le président d'Hozier. *Paris*, 1847, gr. in-8, fig. et blas. color. demi-rel. dos et coins de mar. v. tête dor. n. rog.

1406. ARMORIAL GÉNÉRAL, ou Registres de la noblesse de France, par Louis-Pierre d'Hozier et d'Hozier de Sérigny. Reproduction textuelle de l'édition originale de 1738-68. *Paris, typogr. Firmin Didot*, 1865-1873, livraisons 1 à 25, in-fol. blasons, br.

1407. Armorial de la noblesse de France, publié sous la direction de d'Auriac. *Paris, Dumoulin*, 1854-69, 11 vol. in-4, blas. br.

1408. Armorial général de l'Empire francais, par Henry Simon. *Paris*, 1812, 2 vol. in-fol. blas. cart. n. rog.

1409. Armorial historique de la noblesse de France, publié par Henry J.-G. de Milleville. *Paris, A. Vaton*, 1845, in-4, blas. demi-rel. dos et coins de mar. r. tête dor. n. rog.

1410. Le Jardin des armoiries, par Jean Lautte. *Gand,* 1567, pet. in-8, blas. mar. n. fil. tr. dor.

1411. Armorial d'Artois et de Picardie, généralité d'Amiens, 1696-1710; par M. Borel d'Hauterive. *Paris, Dentu*, 1866, 2 vol. gr. in-8, blas. br.

1412. Armorial de la ville d'Autun, par Harold de Fontenay. *Autun*, 1868, in-8, blas. br.

1413. Armorial des États de Languedoc, par M. Gastelier de la Tour. *Paris, impr. de Vincent*, 1767, in-4, blas. br.

1414. Armorial des Estats du Languedoc, enrichi des élémens de l'art du blason, gravé et recueilli par Jacques Beaudeau. *Montpellier, s. d.*, pet. in-4, blas. v. gr.

1415. Armorial de Flandre, du Hainaut et du Cambrésis, 1696-1710, par M. Raoul d'Hauterive. *Paris, Dentu,* 1856, gr. in-8, blas. br.

1416. Wappen Almanach der Souverainen Regenten Europas, von Masch. *Rostock*, 1842, in-4, cartonné. (50 *planches d'armoiries.*) — Wappen Calender, 1766, Handbuch der Newsten Genealogie und Heraldik. *Nürnberg*, 1766, in-8, rel. *blasons.*

3. *Histoire généalogique de la noblesse.*

1417. Le Nobiliaire universel, ou Recueil général des généalogies historiques et véridiques des maisons nobles de l'Europe, publié par M. le vicomte de Magny. *Paris,* 1855-66, 4 vol in-4, blas. br.

Tom. 2, 3, 4, 2e série; tom. 2 (2 exempl.).

1418. Livre d'or de la noblesse européenne, publié par le comte de Givodan (cinquième registre, 2e série, registre premier). *Paris*, 1852, in-4, blas. color. br.

1419. Quartiers généalogiques des plus illustres et nobles familles d'Espagne, d'Allemagne, d'Italie, de France, etc., par Laurent Le Blond. *Bruxelles, Simon et Sersteven*, 1721, in-4, blas. v. marbr.

1420. Origines patriciæ, or a Deduction of European titles of nobility and dignified officies, from their primitive sources,

by R. T. Hampson. *London, H. Kent Causton*, 1846, in-8, cart. n. rog.

1421. Les Familles françaises considérées sous le rapport de leurs prérogatives honorifiques héréditaires, ou Recherches historiques sur l'origine de la noblesse, par A.-L. De Laigue. *Paris, Petit*, 1815, in-8, br.

1422. Nobiliaire universel de France, ou Recueil général des généalogies historiques des maisons nobles de ce royaume, par M. Ducas. *Paris*, 1843, in-8, br. *fig.*

Tome 21ᵉ seulement.

1423. Alliances généalogiques des rois et princes de Gaule, par Cl. Paradin. *Lion, Jean de Tournes*, 1561, in-fol. blas. bas.

1424. Généalogie de la maison de France, extraite du t. Iᵉʳ de l'histoire généalogique et héraldique des pairs de France, etc., par M. le chev. de Courcelles. *Paris, Moreau*, 1822, in-4, br.

1425. Le Palais de l'honneur, contenant les généalogies historiques des illustres maisons de Lorraine et de Savoie, et plusieurs nobles familles de France (par le Père Anselme). *Paris, P. Bessin*, 1664, in-4, v. gr.

1426. Noms féodaux, ou Noms de ceux qui ont tenu fiefs en France, depuis le xiiᵉ siècle jusque vers le milieu du xviiiᵉ, extraits des archives du royaume par Dom Bétencourt. *Paris, Bachelin-Deflorenne*, 1867-68, 4 vol. in-8, br.

1427. Calendrier des princes et de la noblesse de France pour l'année 1767. *Paris, veuve Duchesne*, 1767, pet. in-12, v. marbr.

1428. Étrennes à la postérité, ou Calendrier généalogique de toutes les maisons couronnées de l'Europe, depuis J.-C. jusqu'à la présente année. *Paris, J.-P. Costard*, 1771, pet. in-12, v. marbr.

1429. État de la France, ou les Vrais Marquis, Comtes, Vicomtes et Barons, par M. de Combles. *Paris*, 1783, 2 part. en 1 vol. pet. in-12, blas. v. marbr.

1430. Étrennes de la noblesse, ou État actuel des familles nobles de France et des maisons et princes souverains de l'Europe. *Paris, s. d.*, pet. in-12, v. marbr.

1431. Dictionnaire des anoblissements, 1270-1790, par H. Gourdon de Genouillac. *Paris, Bachelin-Deflorenne*, 1869, gr. in-8, demi-rel. mar. v. n. rog.

1432. Almanach de la noblesse de l'Empire français pour 1809. *Paris, Fain*, 1809, in-18, br.

1433. Annuaire de la noblesse de France et des maisons souveraines de l'Europe, publié par M. Borel d'Hauterive. *Paris, Dentu*, 1846-70, 11 vol. in-12, blas. color. br.

Années 1846, 1848, 1857, 1860, 1864 à 1870.

1434. Histoire généalogique de la maison royale de Dreux, par André Du Chesne, Tourangeau. *Paris, Sébast. Cramoisy*, 1631, in-fol. blas. demi-rel. bas. (*Titre et faux-titre en mauvais état.*)

1435. Histoire de la maison de Luxembourg, où sont plusieurs occurrences de guerres et affaires tant d'Afrique et d'Asie que d'Europe, par M. Nicolas Vignier; illustrée de notes. *Paris, Thom. Blaise*, 1619, in-4, cartes, plans et vues, v. m. (*Titre raccommodé.*)

1436. Noblesse et Chevalerie du comte de Flandre, d'Artois et de Picardie, publié par P. Roger. *Amiens*, 1843, gr. in-8, fig. br.

1437. Nobiliaire de Normandie, publié par E. de Magny. *Paris, A. Aubry, s. d.*, 2 vol. gr. in-8, blas. br.

1438. Généalogie curieuse, à l'honneur de quantité de nobles de Bourgogne, de Champagne, de Lorraine et de Bassigny, tirée d'un vieil manuscript en latin, escritte par un nommé Gérard de Hauterive, archidiacre de Langres, qui monstre comme saint François d'Assises est allié de l'ancienne noblesse de Grancey, avec nombre d'autres illustrations sacrées et alliances fameuses, empereurs, rois, princes, comtes, barons, certains grands et vénérables personnages. *S. l. n. d.*, in-fol. vél. orn. en couleurs.

Joli manuscrit moderne, dont tous les feuillets sont entourés d'ornements et de blasons peints en or et en couleurs. A la fin se trouve un grand tableau ou arbre généalogique sur parchemin vélin, peint de la même façon, avec ce titre : « *Généalogie de saint François d'Assise, révélé à iceluy par un ange.* »

1439. La Noblesse aux états de Bourgogne, de 1350 à 1789, par Henri Beaune et J. d'Arbaumont. *Dijon, Lamarche*, 1864, in-4, pl. br.

1440. Nobiliaire du départ. de l'Ain (xviie et xviiie siècles), Bresse et Dombes, par Jules Baux. *Bourg-en-Bresse, Martin-Bottier*, 1862, gr. in-8, br.

1441. Nobiliaire de Guienne et de Gascogne. par M. O' Giluy. *Paris, Dumoulin*, 1858-59, 2 vol. gr. in-8, br.

1442. Nobiliaire d'Auvergne, par J.-B. Bouillet. *Clermont-Ferrand*, 1846-53, 7 vol. in-8, blas. br.

1443. La Noblesse flamande de France en présence de l'article 259 du Code pénal, suivie de l'Origine de l'orthographe des noms de famille des Flamands de France, par L. de Bæcker. *Paris, Aug. Aubry*, 1859, in-12, br.

1444. De l'Ancienne Chevalerie de Lorraine, documents inédits publiés par M. Victor Bouton. *Paris, E. Dentu*, 1861, in-18, blas. br.

1445. Chronologie historique des ducs de Croy. *Grenoble, impr. de J.-M. Cuchet*, 1790, in-4, br.

1446. Généalogie de la maison de Damas, publiée par M.Lainé. *Paris*, 1836, in-8, br.

1447. Généalogie succincte de la maison de Rosmadec, enrichie de quelques remarques et recherches faictes par le sieur de la Colombière-Vulson. *Paris, Sébast. Cramoisy*, 1644, in-fol. blas. vél.

1448. Discours généalogique. Origine et Généalogie de la maison de Bragelogne (par Pierre de Bragelogne, président du Parlement de Paris). *Paris*, 1689, pet. in-8, v. gr.

1449. Généalogie historique de la maison de Solier, extraite du tome XV du Nobiliaire universel de France, par M. de Saint-Allais. *Paris, Valade*, 1818, in-8, demi-rel. v. v.

1450. Histoire de la maison Fortia, originaire de Catalogne, établie en France dans le XIVe siècle. *Paris*, 1808, in-12, br.

1451. Généalogie de la Famille Riquetti-Mirabeau, 3 feuilles in-fol. blasons coloriés.

1451 *bis*. Le Nobiliaire de Gand, ou fragments généalogiques de quelques familles nobles qui ont résidé ou qui résident encore en cette ville, par M. Gustave van Hoorebeke. *Gand, Vander Schelden, s. d.*, in-8, blas. br.

1452. Esquisses biographiques extraites des tablettes généalogiques de la maison de Gœthals, par le chevalier l'Evêque de la Basse-Moûturie. *Paris, Le Normant*, 1837, in-8, portr. br.

1453. Mémoire généalogique sur la branche de la noble famille de van den Kerckhove, Kerckoffs ou von Kirckoff, surnommée van der Varent ou Varents, par M. P.-E. de Borcht. *Bruxelles, J. Frank*, 1830, in-8, blas. br.

1454. Table généalogique de la famille de Corten, avec quelques pièces y annexées touchant l'érection du chapitre de l'église collégiale de N.-D., au-delà de la Dyle, à Malines, etc. *Louvain, Jean Jacobs*, 1753, in-fol. fig. demi-rel. bas.

1455. Senatus Populique antuerpiensis Nobilitas, sive septem tribus patriciæ antuerpienses. *Lugduni Batavorum, apud Petrum Heghium*, 1672, pet. in-12, fig. br. n. rog.

1456. Tablettes généalogiques des illustres maisons des ducs de Zæringen, margraves et grands-ducs de Bade. *Darmstadt,* 1810, in-8, br.

1457. Histoire de la maison de Saxe-Cobourg-Gotha, traduction libre, augmentée et annotée par M. Auguste Scheler. *Bruxelles,* 1846, gr. in-8, br.

1458. Regal heraldry, the armorial insignia of the Kings and queens of England from authorities, by Thomas Willement, F. S. A. *London, William Pickering,* 1821, in-4, blas. color. cart. n. rog.

1459. Notice sur les principales familles de la Russie, par le comte d'Almagro. *Paris, Dauvin,* 1843, in-8, br.

VII. ARCHÉOLOGIE.

1460. Manuel d'archéologie religieuse, civile et militaire, par J. Oudin. *Paris, J. Lecoffre,* 1845, in-8, br.

1461. L'Antiquité expliquée et représentée en figures, par Dom Bernard de Montfaucon. *Paris, Delaulne,* 1719, 5 tom. en 10 vol. in-fol. fig. v. marbr.

1462. Saggi di dissertazioni accademiche publicamente lette nella nobile academia etrusca dell'antichissima città di Cortona. *In Roma,* 1742, 6 tom. en 3 vol. in-4, fig. v. marbr.

1463. Bulletin archéologique du Musée Parent (n° 1, octobre 1867). *Paris, impr. de J. Claye,* 1867, in-fol. br.

1464. Catalogue des artistes de l'antiquité jusqu'à la fin du VIe siècle, extrait du manuel de l'histoire de l'art chez les anciens, par M. le comte de Clarac. *Paris, Vinchon,* 1844, in-12, demi-rel. mar. r.

1465. Tableau historique des costumes, des mœurs et des usages des principaux peuples de l'antiquité et du moyen âge, par Robert de Spallart. *Paris, A. Renouard,* 7 tom. en 3 vol. in-8 et 2 vol. in-8 obl. de pl. color. demi-rel. bas.

1466. Mœurs et coutumes des peuples, ou collection de tableaux représentant les usages remarquables, les mariages, funérailles, supplices et fêtes des diverses nations du monde. *Paris, veuve Hocquart,* 1811, 2 vol. in-4, fig. color. cart. n. rog.

1467. Le Costume des peuples de l'antiquité prouvé par les monuments, par André Lens, peintre, nouvelle édition, corrigée par G.-H. Martini. *Dresde, frères Walther,* 1785, in-4, fig. br.

1468. Recherches historiques et philologiques sur la Philo-
tésie, ou usage de boire à la santé, chez les anciens, au
moyen âge et chez les modernes, par G. Peignot. *Dijon,
V. Lagier,* 1836, in-8 de 51 pp. cart. n. rog.

Tiré à 150 exemplaires.

1469. Des Secours publics en usage chez les anciens, ou Mémoire sur cette question, par J.-B. Dumas. *Paris, Everat,*
1813, in-8, br.

1470. Essai sur les systèmes métriques et monétaires des
anciens peuples, par Dom V. Vasquez Queipo. *Paris, Dal-
mont,* 1859, 4 vol. in-8, pl. br.

1471. Description des monuments musulmans du cabinet de
M. le duc de Blacas, par M. Reinaud. *Paris, Dondey-
Dupré,* 1828, 2 vol. in-8, br.

1472. Recherches sur les monuments cyclopéens, et description de la collection des modèles en relief composant
la galerie pélagique de la bibliothèque Mazarine, par
L.-C.-F. Petit-Radel. *Paris, Impr. royale,* 1841, in-8, br.

1473. Monographie de la voie sacrée Éleusinienne, de ses
monuments et de ses souvenirs, par Fr. Lenormant. *Paris,
L. Hachette,* 1864, in-8, pap. vél. br.

Tome 1er seul publié.

1474. Vestigi delle antichità di Roma, Tivoli, Pozzuolo et altri
luochi. *Stampati in Praga da Ægidio Sadeler scultore,* 1606,
in-fol. obl. de 50 planches, v. br.

Les marges du haut et du bas du titre ont été coupées.

1475. Antiquæ Urbis splendor, hoc est præcipua ejusdem tem-
pla, amphitheatra, theatra, circi, naumachiæ, arcus trium-
phales, mausolea.... descriptio, opera et industria Jacobi
Lauri Romani in æs incisa atque in lucem edita. *Romæ,*
1612-1615, 3 part. en 1 vol. pet. in-fol. obl. texte au bas
de chaque planche, mar. br. anc. tr. dor.

1476. Essai sur les Hiéroglyphes des Égyptiens, trad. de l'anglois de M. Warburton. *Paris, H.-L. Guérin,* 1744, 2 vol.
in-12, fig. v. gr.

1477. L'Obélisque de Louqsor transporté à Paris. Notice historique, descriptive et archéologique sur ce monument, par
M. Champollion-Figeac. *Paris, F. Didot,* 1833, in-8, fig.
demi-rel. mar. r. tête dor. n. rog.

1478. Prisse d'Avesnes, fac-simile d'un manuscrit égyptien en
caractères hiératiques, trouvé à Thèbes. *Paris, Lemercier,*
1847, in-fol. br.

1479. Jupiter. Recherches sur ce dieu, sur son culte et sur les
monuments qui le représentent, précédé d'un Essai sur
l'esprit de la religion grecque, par T.-B. Emeric-David.
Paris, Impr. royale, 1838, 2 vol. in-8, br. — Vulcain,
Recherches sur ce dieu, sur son culte, par le même. *Paris,
Impr. royale*, 1838, in-8, br.

1480. Les Images ou tableaux de platte peinture des deux
Philostrates, sophistes grecs, et les Statues de Callistrate,
mis en françois par Blaise de Vigenère, Bourbonnois; enri-
chis d'arguments et annotations.... representez en taille-
douce avec des epigrammes sur chacun d'iceux, par Artus
Thomas, sieur d'Embry. *Paris, veuve Abel l'Angelier et
veuve M. Guillemot*, 1615, un tome en 2 volumes in-fol.
v. br.

Ouvrage orné de nombreuses et belles figures, par Anthoine Caron, Jaspar
Isac, gravées par Thomas de Leu, Léonard Gautier, etc...
Plusieurs feuillets du deuxième volume de cet exemplaire sont tachés.

1481. Insigniores statuarum urbis Romæ icones antiquitatis
studiosis et virtutis amantibus. *Romæ,* 1619, in-4, v. f.

1482. PERRIER (Franç.). Icones et segmenta nobilium signo-
rum et statuarum quæ Romæ extant, delineata atque in
ære incisa anno 1638. *Romæ, superior. permiss.*, s. a. *A
Paris, chez la veuve de deffunt Perier...* S. d. *Et à présent,
chez de Poilly*, s. d., in-fol. 100 planches gravées, v. br.

Recueil curieux. La planche 47 manque à cet exemplaire; mais 59 planches s'y trouvent en contre-épreuves et 5 sujets y sont reproduits d'une manière différente.
A chaque planche se trouvent des explications manuscrites d'une écriture
du temps et sur quelques-unes de nouvelles notes plus modernes.

1483. Quelques Recherches sur le tombeau de Virgile, par
G. Peignot. *S. l. n. d.*, in-8 de 28 pp. br.

1484. Images des héros et des grands hommes de l'antiquité,
dessinées sur des médailles, des pierres antiques et autres
anciens monuments, par Jean-Ange Canini, gravées par
Picart le Romain, etc. *Amsterdam, B. Picart et J.-F.
Bernard*, 1731, in-4, fig. v. f. fil.

1485. Gemme antiche inedite. *Roma,* 1807, in-4, br.

1486. Deux Peintures de vases grecs de la Nécropole de
Kameiros, expliquées par W. Fröhner. *Paris, J. Baur et
Détaille*, 1871, in-4, pl. br.

1487. Choix de vases grecs inédits de la collection de S. A. I.
le prince Napoléon, publiés par W. Fröhner. *Paris, impr.
de J. Claye*, 1867, in-4, br.

1488. De Lucernis antiquorum reconditis lib. sex.... autore Fortunio Liceto. *Utini, ex typogr. Nicol. Schiratti*, 1552, in-fol. nombr. fig. v. br. (*Feuillets jaunis.*)

Ouvrage curieux, orné d'un grand nombre de figures singulières. Celles des pages 910, 1142, qui sont souvent mutilées, se trouvent intactes.

1489. Lucernæ fictiles Musei Passerii. *Pisauri*, 1739, 3 vol. in-fol. fig. cart. n. rog.

1490. La Science des médailles antiques et modernes (par le P. Jobert), nouvelle édition augmentée par l'auteur. *Paris, Boudot*, 1715, in-12, fig. mar. r. fil. tr. dor. (*Rel. anc.*)

1491. Epitome du Thresor des Antiquitez, c'est-à-dire pourtraits des vrayes medailles des Empereurs tant d'Orient que d'Occident, de l'estude de Jaques de Strada, Mautuan, antiquaire, traduit par Jean Louveau d'Orléans. *Lyon, Jaques de Strada*, 1553, in-4 réglé, portr. v. gr.

1492. Illustrissimi viri Ezechielis Spanhemii dissertationes de præstantia et usu numismatum antiquorum. *Londini, Richard Smith*, 1717, 2 vol. in-fol. portr. rel. en vél.

1493. Essai sur la Numismatique des satrapies et de la Phénicie sous les rois Achæménides, par H. de Luynes. *Paris, F. Didot*, 1846, in-4. cart. — Supplément. Planches. In-4, cart.

1494. Réflexions sur les deux plus anciennes médailles d'or romaines qui se trouvent dans le cabinet de S. A. R. Madame (par Baudelot). *Paris, J.-B. Lamesle*, 1720, in-4. fig. v. gr.

1495. Museum Cuficum Borgianum Velitris, illustravit Jacobus Georgius Christianus Adler. *Romæ, apud Ant. Fulgoricum*, 1782, in-4, fig. vél.

VIII. HISTOIRE LITTÉRAIRE.

1496. Questions de littérature légale : du plagiat, de la supposition d'auteurs, des supercheries qui ont rapport aux livres, par Ch. Nodier. *Paris, Roret*, 1828, in-8, br.

1497. Essai historique sur la liberté d'écrire chez les anciens et au moyen âge, sur la liberté de la presse, depuis le xv° siècle, par G. Peignot. *Paris, Delaunay*, 1832, in-8, br.

1498. Histoire de la littérature grecque jusqu'à Alexandre le Grand, par Alfred Müller, traduite et annotée par K. Hillebrand. *Paris, Aug. Durand*, 1866, 2 vol. in 8, br.

1499. Recherches sur les sources antiques de la littérature française, par J. Berger de Xivrey. *Paris, Crapelet*, 1829, in-8, br.

1500. Histoire littéraire des troubadours (par de Sainte-Palaye, publiée par l'abbé Millot). *Paris, Durand*, 1774, 3 vol. in-12, v. marbr.

1501. Des Troubadours et des Cours d'Amour, par M. Raynouard. *Paris, F. Didot*, 1817, in-8, br.

1502. De Re diplomatica libri VI, opera et studio Johannis Mabillon. *Neapoli, ex typographia Vincentii Ursini*, 1789, 2 vol. in-fol. fig. vél.

1503. Dictionnaire raisonné de diplomatique, par Dom de Vaines. *Paris, Lacombe*, 1774, 2 vol. in-8, v. marbr.

1504. Éléments carlovingiens, linguistiques et littéraires (par J. Barrois et Chabaille). *Paris, impr. de Crapelet*, 1846, in-4, fig. br.

1505. Recueil général des formules usitées dans l'empire des Francs du ve au xe siècle, par Eug. de Rozière. *Paris, Durand*, 1871, 3 vol. in-8, br.

1506. Les Autographes et le goût des autographes en France et à l'étranger, par M. de Lescure. *Paris, J. Gay*, 1865, in-8, br.

1507. Isographie des hommes célèbres, ou collection de fac-simile de lettres autographes et de signatures. *Paris, Alex. Mesnier*, 1828-30, 3 vol. in-4, demi-rel. mar. r. n. rog.

IX. BIOGRAPHIE.

1508. Biographie universelle, ancienne et moderne. *Paris, Michaud*, 1811-28, 52 vol. in-8, demi-rel. mar. v.

1509. Galerie des contemporains illustres, par un homme de rien (Loménie). *Paris*, 1840, 10 vol. in-18, portr. br.

1510. Les Femmes du temps passé, par M. Arsène Houssaye. *Paris, Morizot*, 1863, gr. in-8, portr. br.

1511. Reines légitimes et Reines d'aventure, par Emmanuel de Lerne, précédées d'un dialogue des mortes sur les vivantes, par Arsène Houssaye. *Paris, H. Plon*, 1867, in-8, br.
Exemplaire sur papier rose.

1512. Étude historique et paléographique sur le rouleau mortuaire de Guillaume Des Barres, comte de Rochefort, par Eugène Gresy. *Meaux, A. Le Blondel*, 1865, in-fol. fig. or et couleur, cart.

1513. Précis historique et littéraire sur Eustache Deschamps, poète du xive siècle, par G.-A. Crapelet, *Paris, impr. de Crapelet*, 1832, in-8, br.

1514. Essai sur les écrits politiques de Christine de Pisan, suivi d'une notice littéraire et de pièces inédites, par Raimond Thomassy. *Paris, Debécourt*, 1838, in-8, pap. vél. br.

1515. Études sur le xvie siècle. Estienne Dolet, sa vie, ses œuvres, son martyre, par Joseph Boulmier. *Paris, A. Aubry*, 1857, pet. in-8, portr. br.

1516. Geofroy Tory, peintre et graveur, par Aug. Bernard. *Paris, Ed. Tross*, 1857, in-8, br.

1517. Recherches sur Jean Grolier, sur sa vie et sa bibliothèque, par M. Le Roux de Lincy. *Paris, L. Potier*, 1866, in-8, br. et atlas, in-4.

1518. Antonius Arena, notice historique et littéraire, par Augustin Fabre. *Marseille, V. Boy*, 1860, in-18, br. — Notice sur Pierre de Brach, poète bordelais du xvie siècle, par Reinhold Dezeimeris. *Paris, A. Aubry*, 1858, pet. in-8, pap. chamois, portr. br.

1519. Registre de correspondance et biographie du duc Henry de la Trémoille (1649-1667), par Hugues Imbert. *Poitiers, impr. de A. Dupré*, 1867, in-8, br.

1520. Le Comte Marot de La Garaye, étude biographique, d'après les récits contemporains, par J.-Marie Peigné. *Paris, Bachelin-Deflorenne*, 1864, in-8, cart. n. rog.

1521. Voltaire, Recueil des particularités curieuses de sa vie et de sa mort (par le P. Harel, capucin). *Porrentruy, J.-J. Goetschy*, 1781, in-8, portr. v. gr.

1522. Ménage et finances de Voltaire, avec une introduction sur les mœurs des cours et des salons au xviiie siècle, par L. Nicolardot. *Paris, E. Dentu*, 1854, in-8, br.

1523. Etudes sur les grands hommes, par L. Nicolardot. *Paris, E. Dentu*, 1851, in-8, br.

1524. Les Confessions de J.-J. Rousseau, vignettes par MM. T. Johannot, H. Baron, K. Girardet, etc. *Paris, Barbier*, 1846, gr. in-8, fig. demi-rel. dos et coins de mar. v. n. rog.

1525. Mémoires de Henri Masers de Latude. *Paris, A. Ledoux*, 1835, 2 vol. in-8, demi-rel. mar. v. n. rog.

1526. Les Amours de Mirabeau et de Sophie de Monnier, par Benj. Gastineau. *Paris*, 1865, in-8, portr. br.

1527. Les Campagnes de mademoiselle Thérèse Figueur, aujourd'hui madame veuve Sutter, ex-dragon aux 15e et 9e régiments de 1793 à 1815, écrites sous sa dictée, par Saint-Germain Leduc. *Paris, Dauvin et Fontaine*, 1842, in-8, br.

1528. Notice sur André Colomban, architecte, par Amanton. *Bourg*, 1840, in-8, cart.

1529. Rétif de la Bretonne, par Ch. Monselet. *Paris, Alvarès*, 1854, in-12, portr. demi-rel. mar. r. n. rog.

1530. Notice sur la marquise de Créquy. *Paris*, 1855, in-18, portr. sur chine, br. — Madame de Rumford (1758-1836), par M. Guizot. *Paris, Crapelet*, 1841, br. in-8. — Madame Eliza Guizot, née le 30 mars 1804, morte le 11 mars 1833. *S. l. n. d.*, in-8, demi-rel. mar. v.

1531. Notice sur M. Claude-Xavier Girault, par C.-N. Amanton. *Paris, Renouard*, 1823, in-8, cart. — Notice sur le marquis de Thyard, par C.-N. Amanton. *Dijon*, 1832, in-8, cart. n. rogn. — Recherches biographiques sur Denis Marin de La Chasteigneraye, par C.-N. Amanton. *Dijon*, 1807, in-8. cart. n. rog. — Eloge de M. le marquis de Courtivron, par C.-N. Amanton. *Dijon*, 1835, in-8, cart.

1532. L'Homme à la longue barbe. Précis sur la vie et les aventures de Chodruc-Duclos, par MM. E... et A... *Paris*, 1829, in-8, cart. n. rog.

1533. Quelques Années de ma vie, par Alexandrine Des Echerolles. *Moulins, M. Place*, 1845, 2 vol. in-8, br.

1534. Notice sur madame la vicomtesse de Noailles (par Mme Standish). *Paris, Ch. Lahure*, 1855, in-8, pap. de Holl. cart. n. rog.

Tiré à petit nombre.

1535. Anne-Paule-Dominique de Noailles, marquise de Montague (par la comtesse d'Aubervillé). *Paris*, 1864, in-8, portr. photogr. br.

Tiré à petit nombre et non mis en vente.

1536. Chez Victor Hugo, par un passant, avec 12 eaux-fortes par M. Maxime Lalanne. *Paris, Cadart et Luquet*, 1864, in-8, br.

1537. Regnier, sociétaire de la Comédie-Française (1831-1872), par Georges d'Heylli. *Paris*, 1872, portr. à l'eau-forte, in-12, br.

1538. Vie de très-puissante et très-illustre dame madame Loyse de Savoye, religieuse au couvent de madame Sainte-Claire d'Orbe; escrite en 1507 par une religieuse, précédée d'une notice par l'abbé A.-M. Jeanneret. *Genève, J.-G. Fick*, 1860, in-8, pap. teinté, portr. br.

1539. Vie de Poggio Bracciolini, par M. W. Stepheid. *Paris,
Verdière,* 1819, in-8, br.

1540. John de Wycliffe, D. D. A Monography, by Robert
Vaughan, D. D. *London,* 1853, pet. in-4, portr. cart.

X. BIBLIOGRAPHIE.

1541. Recherches sur les bibliothèques anciennes et modernes jusqu'à la fondation de la bibliothèque Mazarine, par
L.-C.-F. Petit-Radel. *Paris, Rey et Gravier,* 1819, in-8, br.

1542. Essai historique sur la Bibliothèque du Roi (par Le
Prince l'aîné). *Paris, Belin,* 1782, pet. in-12, bas.

1543. Recherches sur la bibliothèque publique de l'église
Notre-Dame de Paris au xiiie siècle, d'après des documents
inédits, par Alfred Franklin. *Paris, A. Aubry,* 1863, pet.
in-8, br.

1544. Franklin (Alfred). Recherches sur la bibliothèque de la
Faculté de Médecine de Paris. — Histoire de la bibliothèque de l'Abbaye de Saint-Victor, à Paris. *Paris, A. Aubry,*
1864-65, 2 vol. pet. in-8, br.

1545. Lettre neuvième relative à la Bibliothèque publique de
Rouen, traduite de l'anglais, avec des notes, par M. Th.
Licquet. *Paris, impr. de Crapelet,* 1821, gr. in-8, pap. de
Holl. cart. n. rog. — Lettre trentième concernant l'imprimerie et la librairie de Paris, traduite de l'anglais, avec des
notes, par G.-A. Crapelet. *Paris, impr. de Crapelet,* 1821,
gr. in-8, pap. vél. cart. n. rog.

1546. Histoire des livres imprimés de la Bibliothèque de la
ville de Besançon. *Besançon,* 1842, in-4, br,

1547. Histoire de l'invention de l'imprimerie par les monuments (par Duvergier). *Paris,* 1840, in-4, fig. demi-rel.
mar. v n. rog.

1548. Jean Gutenberg, premier maître imprimeur, ses faits et
discours les plus dignes d'admiration, et sa mort. Ce récit
fidèle, écrit par Fr. Dingelstedt, est ici traduit de l'allemand en françois, par Gustave Revilliod. *Genève, impr. de
J.-G. Fick,* 1858, gr. in-8, eaux-fortes, br.

1549. Dictionnaire bibliographique choisi du xve siècle, par
M. de La Serna Santander. *Bruxelles et Paris,* 1805, 3 vol.
in-8, br.

1550. Catalogue chronologique des libraires et des libraires-
imprimeurs de Paris, depuis l'an 1470, époque de l'établissement de l'imprimerie dans cette capitale jusqu'à pré-

sent...... avec des catalogues par ordre alphabétique........ *Paris, J. Roch Lottin de S. Germain,* 1789, in-4, demi-rel. v. ant.

1551. Lettre trentième concernant l'imprimerie et la librairie de Paris, traduite de l'anglais, avec des notes par G.-A. Crapelet. *Paris, impr. de Crapelet,* 1821, gr. in-8, pap. vél. cart. n. rog.

1552. Annales Plantiniennes depuis la fondation de l'imprimerie plantinienne à Anvers jusqu'à la mort de Chr. Plantin (1555-1589), par C. Ruelens et A. de Backer. *Paris, Tross,* 1866, in-8, portr. br.

1553. Annales de l'imprimerie des Elzevier, ou Histoire de leur famille et de leurs éditions, par Ch. Pieters, seconde édition, revue et augmentée. *Gand,* 1858, in-8, demi-rel. dos et coins de mar. v. n. rog.

1554. Essai bibliographique sur les éditions des Elzevirs les plus recherchées et les plus précieuses (par Bérard). *Paris, F. Didot,* 1822, in-8, demi-rel. mar. r. n. rog.

1555. Recherches sur diverses éditions elzéviriennes, par G. Brunet. *Paris, A. Aubry,* 1866, in-12, br.

1556. De l'Origine de la signature et de son emploi au moyen âge, par M. C. Guigne. *Paris, Dumoulin,* 1863, in-8, pl. broch.

1557. Manuel du Libraire et de l'Amateur de livres, par J.-Ch. Brunet. *Paris, Silvestre,* 1842-44, 5 vol. in-8, demi-rel. dos et coins de mar. r.

1558. Manuel du Libraire et de l'Amateur de livres, par J.-Ch. Brunet. *Paris, F. Didot,* 1860-65, 6 vol. in-8, demi-rel. mar. v. n. rog.

1559. Catalogue de la bibliothèque de l'abbaye de Saint-Victor au XVIe siècle, rédigé par Fr. Rabelais, commenté par le bibliophile Jacob. *Paris, J. Techener,* 1862, in-8, broch.

1560. La Bibliothèque de Charles d'Orléans à son château de Blois, en 1427, publ. par le Roux de Lincy. *Paris,* 1843. — La Police des livres au XVIe siècle, par de Fréville. *Paris,* 1853. — Catalogue des livres de Fortsas. *Bruxelles, s. d.,* in-8, br.

1561. Catalogue des livres de la bibliothèque de Mme la marquise de Pompadour. *Paris, Hérissant,* 1765, in-8, v. f. (*Prix.*)

1562. Catalogue des livres de la bibliothèque de Chr.-Guil. Lamoignon-Malesherbes, disposé par Jean-Luc Nyon. *Paris, Nyon,* 1797, in-8, br. (*Prix.*)

1563. Catalogue des livres précieux, singuliers et rares qui composaient la bibliothèque de M*** (Méon). *Paris, Bleuet jeune*, 1803, in-8, pap. de Holl. demi-rel. mar. viol. n. rog. (*Prix.*)

1564. Catalogue des livres composant la bibliothèque de M. Viollet-le-Duc. *Paris*, 1843-47, 2 vol. in-8, br.

1565. Catalogue de la bibliothèque de feu M. Jérôme Bignon. *Paris*, 1848, gr. in-8, demi-rel. v. f. (*Prix.*)

1566. Catalogue des livres et cartes géographiques de la bibliothèque de M. le baron Walckenaer. *Paris, L. Potier*, 1853, in-8, cart. n. rog. (*Prix.*)

1567. Catalogue des livres rares et précieux de la bibliothèque de feu de M. J.-L.-A. Coste. *Paris, L. Paris*, 1854, in-8, cart. n. rog. (*Prix.*)

1568. Catalogue de la bibliothèque de M. Félix Solar. *Paris, J. Techener*, 1860, in-8, cart. n. rog. (*Avec la table des prix.*)

1569. Catalogue des livres rares et précieux composant la bibliothèque de feu M. Aug. Veinant. *Paris, L. Potier*, 1860, in-8, demi-rel. mar. r. tête dor. (*Prix.*)

1570. Catalogue des livres rares et précieux composant la bibliothèque de feu M. Auguste Veinant. *Paris, L. Potier*, 1860, in-8, cart. n. rog. (*Prix.*)

1571. Catalogue de la bibliothèque de feu M. Charles Pieters. *Gand*, 1864, 3 part. in-8, br.

1572. Catalogue de la bibliothèque de M. le comte de l'Escalopier. *Paris, Delion*, 1866, 3 vol. in-8, br,

1573. Catalogue de la bibliothèque de M. le comte de La Bédoyère avec la table alphabétique et la liste des prix d'adjudication. *Paris, L. Potier*, 1862, in-8, br.

1574. Catalogue de la bibliothèque de M. L. Double. *Paris, J. Techener*, 1863, in-8, cart. (*Prix.*)

1575. Catalogue des livres rares et précieux composant la bibliothèque de feu M. J.-Ch. Brunet. *Paris, L. Potier*, 1868, 2 part. en 1 vol. in-8, avec la table des prix, demi-rel. mar. br.

1576. Nouveau Dictionnaire des ouvrages anonymes, par E.-D. de Manne. *Lyon, N. Scheuring*, 1868, in-8, cart. n. rog.

1577. Dictionnaire critique, littéraire et bibliographique des principaux livres condamnés au feu, supprimés ou censurés, par G. Peignot. *Paris, A. Renouard*, 1806, 2 tom. en 1 vol. in-8, v. br. dent.

A.	9

1578. La Bibliothèque d'Antoine du Verdier, seigneur de Vauprivas, contenant le catalogue de tous ceux qui ont escrit ou traduict en françois et autres dialectes... ensemble les œuvres imprimées... *Lyon, Barth. Honorat,* 1585.—Supplementum epitomes bibliothecæ Gesnerianæ. *Lugduni, apud Barth. Honorat,* 1585, 1 vol. in-fol. portr. demi-rel. (*Mouillures.*)

Première édition. Exemplaire ayant appartenu à M. de Monmerqué, qui a écrit plusieurs notes sur la garde et sur les marges.

1579. La France littéraire, ou Dictionnaire bibliographique, par J.-M. Quérard. *Paris, F. Didot,* 1830-43, 10 vol. in-8, broch.

1580. Le Quérard, archives d'histoire littéraire, de biographie et de bibliographie françaises. *Paris,* 1855, 2 vol. in-8, broch.

1581. La Littérature française contemporaine, 1827-1849 ; continuation de la France littéraire. Dictionnaire bibliographique, par MM. F. Bourquelot et Alf. Maury. *Paris, Delaroque,* 1846-56, 6 tom. en 12 part. in-8, br.

1582. Bibliographie des ouvrages relatifs à l'amour, aux femmes, au mariage, par M. le C d' I***, seconde édition. *Paris, J. Gay,* 1864, in-8, br.

1583. Bibliotheca scatologica, ou Catalogue raisonné des livres traitant des vertus, faits et gestes de très-noble et très-ingénieux messire Luc (à rebours), seigneur de la Chaise et autres lieux. *Scatopolis, chez les marchands d'aniterges, l'année scatogène* 5850, in-8, cart. n. rog. (*Rare.*)

1584. Bibliothèque historique de la France... par Jacques le Long. *Paris, Charles Osmond,* 1719, gros in-fol. v. m.

1585. Bibliothèque historique de la France, contenant le catalogue des ouvrages, imprimés et manuscrits, qui traitent de l'histoire de ce royaume ou qui y ont rapport, avec des notes critiques et historiques, par Jacques Lelong ; nouvelle édition... augmentée par M. Fevret de Fontette. *Paris, de l'impr. de J.-Th. Hérissant,* 1768-1778, 5 vol. in-fol. demi-rel.

1586. Bibliothèque des auteurs de Bourgogne, par feu M. l'abbé Papillon. *Paris, Ph. Marteret,* 1742, in-fol. portr. v. marb.

1587. Bibliotheca americana. Collection d'ouvrages inédits ou rares sur l'Amérique. *Paris, A. Franck,* 1861, in-8, cart. non rog.

1588. Bibliotheca americana. Catalogue raisonné d'une collection de livres anciens et modernes sur l'Amérique et

les Philippines, classés par Ch. Leclerc. *Paris, Maisonneuve*, 1867, in-8, br. (*Prix.*)

1589. Notes pour servir à l'histoire, à la bibliographie et à la
cartographie de la Nouvelle-France et des pays adjacents,
1545-1700. *Paris, Tross*, 1872, in-8, br.

1590. Histoire de la presse parisienne, par F. Maillard. *Paris, Poulet-Malassis*, 1857-59, 2 vol. in-18, br.

1591. Notice d'une édition d'une danse macabre antérieure
à 1486, par Champollion-Figeac. *Paris, Sajou*, 1811. —
La Danse des morts à Bâle. In-8, figures sur bois, br.

1592. Recherches bibliographiques et critiques sur les éditions originales des cinq livres du roman satirique de Rabelais, par Jacq.-Ch. Brunet. *Paris, Potier*,1852, in-8, br.

XI. ENCYCLOPÉDIES, JOURNAUX, ETC.

1593. Dictionnaire de la conversation et de la lecture ; seconde édition. *Paris, F. Didot*, 1861-62, 16 vol. gr. in-8,
dos et coins de mar. br. tête dor. n. rog.

1594. Essai sur le Journalisme depuis 1735 jusqu'à l'an 1800.
Paris, impr. de D. Colas, 1811, in-8, br.

1595. Le Radoteur (Journal du xviiie siècle). *Amsterdam et
Paris, J.-Fr. Bastien*, 1775, 2 vol. in-8. demi-rel. dos et
coins de v. f.

1596. Revue rétrospective, ou Bibliothèque historique (publiée par J. Taschereau). *Paris*, 1833-38, 20 vol. in-8, en
livr.

Manquent : 2e série, les livr. 32, 33, 34, 35 et 36 ; 3e série, livr. 7 et 11.

1597. Revue de philologie, de littérature et d'histoire ancienne. *Paris, Klincksieck*, 1845, tome Ier, in-8, cart. non
rogné.

1598. La Chronique universelle illustrée, par J.-B. Giraldon.
Paris, 1862, in-4, fig. cart. toile rouge, tr. dor.

SUPPLÉMENT.

1599. Flavignerot. Livre contenant tout ce qui dépend de la
terre de Flavignerot et le produit et revenu d'icelle (*Manuscrit du* xviiie *siècle*). In-folio, parch. — Terrier de Fla-

vignerot en 1436 (*Manuscrit du* xve *siècle*). In-fol. de 24 pag. n. rel.

1600. Manuel incorporé des droits et revenus dus à la seigneurie de Flavignerot, suivant le Terrier signé Chéret en 1773. *S. l. n. d.*, gr. in-fol. parch.

Manuscrit de la fin du dix-huitième siècle. Avec un acte sous seings privés, daté de 1827, établissant le « bornage » de la propriété de Flavignerot.

1601. Les Imposteurs insignes, ou Histoires de plusieurs hommes de néant de toutes nations qui ont usurpé la qualité d'empereur, de roi et de prince, par J.-B. de Rocoles. *Bruxelles, J. van Vlaeuderen,* 1728, 2 vol. pet. in-8, portr. v. marbr.

1602. Histoire générale des larrons, par F. D. C. *Lyon, Est. Bachelu,* 1652, pet. in-8, vél.

1603. Li Estoires de chiaus qui conquisent Constantinoble de Robert de Clari en Aminois, chevalier. *S. l. n. d.*, grand in-8, br.

1604. Revue des Deux-Mondes. Environ 20 années complètes et 20 années dépareillées.

FIN.

Paris. — Typographie Georges Chamerot, rue des Saints-Pères, 19.